「超」英語独学法

野口悠紀雄 Yukio Noguchi

NHK出版新書
649

はじめに

英語の勉強における五つの誤り

多くの人が、「時間をかけて勉強したのに英語が上達しない」と言う。その一番大きな原因は、「やり方を間違えている」ことだ。

本書では、「多くの日本人が陥っている間違いは何か」を指摘し、それに代わる英語勉強の方法を提案する。

とくに強調したいのは、どこに集中し、どこで手を抜いたらよいかという判断だ。

われわれは限られた時間の中で、しかも外国語として英語を勉強するわけだから、英語を母国語とする人々と同じレベルまで英語をマスターすることはできない。

そこで、どこに集中し、どこで手を抜くのかが、重要なポイントになる。

英語の教師は、これについて必ずしも正しい判断ができるわけではない。判断ができたとしても、「ここは手を抜いてもよい」とは、おそらく言わないだろう。そんなことを言えば、自分が失職してしまうかもしれないからだ。

「どこに集中し、どこで手を抜くのか」は、英語を道具として使っているユーザーの観点からしか言えない。

私は、英語の教師ではないが、「英語のユーザー」ではある。本書では、私自身の経験を振り返り、どこに集中して、どこで手を抜いたらよいかという判断を軸に、英語の勉強の具体的な方法論を考えていくことにしたい。


多くの日本人が陥っている間違いとは何か? それはつぎの五つだ(図表0－1参照)。

第1の誤りは、「なんとなく勉強しなければ」とか、「英語を流ちょうに話せるようになりたい」と漠然と考えることだ。何のために英語を勉強するのかを、はっきりさせる必要がある。

第2の誤りは、英語にはさまざまなものがあることを意識していないことだ。世界にはさまざまな英語がある。国や地域によって違うし、正確な英語と、俗語・スラングとの違いもある。

勉強する目的をはっきりさせる必要があるのは、このためだ。さまざまな英語のうちど

図表0–1　日本人が陥っている5つの誤りと、それへの対処

日本人が陥っている誤り	どうすればよいか？	本書の該当章
1. 目的が漠然としている。	目的を明確にする。	第2章（49ページ図表2-1のどれを目的とするのかをはっきりさせる）
2. さまざまな英語があることを意識していない。	さまざまな英語があることを意識する。	第2章（図表2-1のどれを目的とするのかをはっきりさせる）
	仕事に使う英語を学ぶなら、専門用語を習得する。	第3章の2
	受験なら受験英語を習得する。	第2章の5、第4章の4
3. 英会話学校に行けば上達するだろうと期待する。	専門用語は独学で勉強するしかない。	第3章の1、2、3、4
4. 文章を単語に分解する。	文章を丸暗記する。	第4章
5. 実用英語のためには話す訓練が必要。	聞くことができれば自動的に話せる。	第5章

れを対象とするかによって、勉強すべき内容がまったく違う。例えば、受験をするための英語と仕事のための英語とは、まったく違う。

本書では、ビジネスパーソンが自分の仕事に英語を使う場合を主として考える。この場合には、その分野の専門用語を習得することが最も重要な課題になる。

第3の誤りは、「英会話学校に行けば英語が上達するだろう」と期待することだ。

この考えがなぜ間違いか？　それは、仕事に使う英語の場合には

専門用語が決定的に重要なのだが、それは分野によって大きく違うからだ。
専門用語は、英会話学校では教えることができない。これを学ぶには、独学によるしかない。

第4の誤りは、英語を単語に分解し、翻訳することによって理解しようとすることだ。学校での英語教育がこのような方法で行なわれているので、無意識にそうするのだが、これは言葉の勉強方法としては間違いだ。単語に分解して翻訳するのではなく、文章を丸暗記する必要がある。

第5の誤りは、「実用英語のためには話す訓練が必要」と考えることだ。しかし、重要なのは「聞く訓練」だ。聞くことができるようになれば、自動的に話せる。話す訓練はとくに必要ない。

以上で述べた誤りから脱却しなければ、いくら時間をかけても、英語の能力は向上しない。逆に、これらを常に意識して勉強を進めれば、英語の能力を飛躍的に高めることができる。本書を貫いているのは、このような考え方だ。これをさまざまな箇所で繰り返し強調する。

本書の構成

本書の構成は、以下の通りだ。

第1章「ニューノーマル時代になぜ英語が必須なのか？」では、英語の重要性がかつてないほど高まっていることを強調する。英語は世界語だ。これまで自国語だけで仕事をしていた国の人々も、英語を学んで国際的な活動ができるようになった。

新型コロナウイルス後のニューノーマル時代には、ビデオ会議によって簡単に国境を越えることができる。こうした世界では、英語の重要性がさらに増す。

第2章「どの英語を、どの程度勉強すべきか？」は、先に「第2の誤り」として述べたことの詳しい説明だ。「英語」といっても、話されている国や地域によって大きく違う。正確な英語と日常的な英語も違う。外国人がスラングや方言を理解するには、大変な努力が必要だ。

だから、「どこを完璧に訓練し、どこで手を抜くか」という判断が重要だ。本書は、「8割原則」を提唱する、つまり、「多くの場合に大丈夫」という水準を目指す。

仕事で英語を使う場合には、正確な英語を理解できればよい。スラングや方言は分からなくてもよい。また、RとLの区別が正確にできるようになるよりは、コミュニケーションがきちんとできることのほうが重要である。

第3章「社会人の英語は独学でしか学べない」では、まず「学ぶためには学校に通わなければならない」という考えが、単なる思い込みにすぎないことを指摘する。

これは、とくに社会人の勉強について言えることだ。なぜなら、仕事のための英語では、専門用語が必要であり、英会話学校では、それを教えることができないからだ。

そこで、この章では、「専門用語が必要」ということの意味を詳しく説明する。専門用語は、完璧にマスターする必要がある。「英会話学校に通えば英語がうまくなる」と考えるのは、「仕事に使う道具」という視点がないために生じる誤りなのだ。

なお、日本の大学における英語教育体制の欠陥(その分野の専門家が英語を教えず、英文学の専門家が教えている)についても述べる。

第4章「単語帳を捨て、丸暗記せよ」は、先に「第4の誤り」として述べたことの詳しい説明だ。

日本人の英語能力が向上しない大きな原因は、「英語を単語に分解した上で、それを日本語に翻訳する」という方法で勉強していることだ。これでは、単語を覚えることも、文法の規則を覚えることもできない。そして、英語を仕事のために使うことなど、到底できない。

単語帳を捨てて丸暗記する必要がある。暗記する対象は、自分が興味のあるものを選ぶのがよい。「丸暗記法」は、受験のための勉強法としても、最強のものだ。

第5章「聞ければ、自動的に話せる」では、英語を聞くことについて述べる。多くの人は、英語を聞く練習よりも、話す練習をするのが重要と考えている。しかし、これは、先に「第5の誤り」として指摘したように、間違った考えだ。

外国で仕事をする場合も留学する場合も、「話す」機会より「聞く」機会のほうが圧倒的に多い。しかも、話す場合には内容を自分でコントロールできるが、相手の話を聞く場合には内容をこちらでコントロールすることはできない。

だから、どんな内容でどんなスピードであっても、正しく聞き取れなければならない。英語を聞く練習は、完璧に行なう必要がある。そして、信じられないかもしれないが、完璧に聞けるようになれば、自動的に話せるようになる。

話す練習を特別にする必要はない。口頭英語の訓練は、「聞くこと」に集中すべきだ。

このための教材は、いまではインターネット上にたくさんある。英語を完全に聞けるようになるために必要な訓練時間は、２０００時間程度だ。これには、数年かかるだろう。

第６章「仕事でも必要なサバイバル外国語」のテーマは、旅行者にとっての外国語だ。

英語圏以外の国の場合、ビジネスでは英語が通じるとしても、街に出ればその国の言葉が使われている。しかし、多くの国で英語が通じるので、まず英語で対処することを考えよう。外国旅行では、言葉よりも重要なことが多い。ただし、言葉が決定的に重要な場合もある。それがどんな場合かを知っておく必要がある。

英語で用がすむことが多いとしても、いくつかの「サバイバル外国語」を覚えておけば、コミュニケーションは円滑になるだろう。

第７章「書く英語で能力が評価される」では、「英語を書くこと」について述べる。

話し言葉はある程度の間違いがあっても許されるが、英語の文章を書く場合には、正確でなければならない。なぜなら、書いた文章によって能力を判定されるからだ。そしてビジネスに支障をきたす事態にもなりかねない。

日本人にとっては、とくに冠詞が難しい。これを間違えると、英語とはみなされない。相手の書いたメールをモデルにして書き換えるなどの緊急対応策はあるが、基本的には勉強するしかない。

第8章「ＡＩ時代の『超』英語法」では、ＡＩ（人工知能）の発達によって可能になった自動翻訳について述べる。

自動翻訳は、さまざまに使うことができる。音声で入力したものを翻訳し、音声で出力することができるので、会話に近いことが実現できる。

最近では、ＡＩの図形認識能力（パタン認識能力）が向上したため、印刷された文字の読み上げや翻訳もできるようになった。

自動翻訳機能は、とくに英語以外の言語について、便利に使える。ただし、このようなことができるようになっても、外国語の勉強は必要だ。

第9章「英語の勉強は楽しい」では、外国語の勉強が楽しいことを強調したい。外国語を読んだり聞いたりすることができれば、知識が広がる。それによってさらに勉強したいという気持ちが強まる。このような楽しみがあるからこそ、外国語を勉強するのだ。

本書が想定している読者は、英語を使って仕事ができるようになりたいと考えている社会人の方々だ。

ただし、本書が提案している勉強法は、受験生にとっても有効だ。受験英語がきわめてバイアスのかかったものであるのを理解すること、単語帳を捨てて文章を丸暗記すべきことは、受験生にとって重要なノウハウである。

情報テクノロジーが英語の勉強法を変えた

私は、これまで英語勉強法の本を何冊か書いてきたが、いま再び英語勉強の本を書くにあたって強く感じたのは、情報技術の進歩だ。とくに、外国語の音源がきわめて簡単に手に入り、それらを簡単に利用できるようになったことだ。

私は学生時代に、ケネディ大統領の就任演説の録音が欲しくて、散々苦労したことがある。何年もしてから「ソノシート」という形で手に入れたときは、宝物を獲得した気持ちだった。ところがいまでは、インターネットにアクセスすれば、鮮明なカラー動画付きの録音をいとも簡単に、しかも無料で入手することができる。

1980年頃には、在日米軍のラジオ（FEN）のニュース解説を録音して英語のヒアリングの訓練をしたことがある。しかし、いまは、録音などという面倒なことをしなくても、インターネットにアクセスするだけでよい。そして、スマートフォンを持っていれば、散歩中でも電車の中でも聞くことができる。

さらに、コンピュータのパタン認識能力の向上によって、書籍に印刷された文字をスマートフォンに読み上げさせたり、翻訳させたりすることが可能になった。いまや、どんな国の言葉でも、理解できないものはない。

こうして、外国語の勉強を、効率的に進められるだけでなく、楽しく行なうことが可能になった。このような驚くべき技術進歩の成果を最大限に利用しなければ、本当にもったいない。第5章と第7章に、これらに関する詳しいリンク集がある。是非活用して、最先端の英語勉強法を実践していただきたい。

本書の刊行にあたっては、ＮＨＫ出版放送・学芸図書編集部の山北健司氏にお世話になった。御礼申し上げたい。

２０２１年１月

野口悠紀雄

「超」英語独学法　目次

第7章　書く英語で能力が評価される……169

図表目次

編集協力　猪熊良子
DTP　佐藤裕久

第1章
ニューノーマル時代に
なぜ英語力が必須なのか?

1　英語の重要性はさらに高まっている

「英語がいらない会社」に未来はない

ビジネスパーソンにとっての英語の重要性が高まっている。昇進のために英語を必要とする会社が増えているし、会議を英語で行なったり、社内公用語を英語にしたりする会社も増えている。中途採用の際に英語力を重視する会社も多い。

こうした状況は、従来の日本の会社の状況に比べると、大きな変化だ。

かつて、日本の企業や官庁などで幅をきかせていたのは、「マルドメ」（「まるでドメスチック」）派だった。伝統的な組織では、とくにそうだった。英語が必要なのはごく一部分の仕事だと考えられていた。

マルドメ派は、英語が話せる人間を、「英語だけはできるが、中身のないキザな奴」と言って目の敵《かたき》にする。だから、「英語が話せると肩身が狭い」という場合も多かった。

それだけならまだよい。「英語屋」「国際派」とみなされて、本流から外されてしまう。英語ができると、英語の専門技能者にされてしまうわけだ。そして、出世街道の本筋から外れてしまうということが少なくなかった。英語ができると、昇進にはかえってマイナスになることが多かったのである。

こうした状況はしばらく前から大きく変わっている。どんな部署にいても英語が必要であり、英語ができないと仕事にならないという時代になった。つまり、日常の仕事で英語が必要な時代になった。

だから、「英語ができると出世街道から外れてしまう」のではなく、逆に、「英語ができないと出世街道から外れてしまう」時代になった。

もしあなたが勤めている会社が、「英語ができなくても構わない」という会社であれば、その会社には未来がないと言える。

なぜ社内公用語を英語にするのか？

２０１０年に、楽天とユニクロが社内公用語を英語に統一すると宣言して、話題を呼んだ。これに対する反応の多くは、「日本人だけの企業に英語はいらない」というものだった。

しかし、この考えは誤りだ。英語を公用語にすれば、優秀な人材を世界中からリクルートできる。そして会社は発展する。発展したい企業にとっては、当然の決定だ。

とくに、海外市場で活躍したいと考える企業なら、当然すぎることだ。これまで日本語だけで用が足りていたのが不思議なのである。

実際、その後、英語を社内公用語にする企業が続々と増えてきた。「社内公用語を英語にする」ということは、社員同士の電話やメール、ミーティング、議事録などの文書作成をすべて英語で行なうことを意味する。

インターネット時代には、英語の重要性は決定的になる。インターネットで海外から情報を収集するにも、メールで海外に向けて発信するにも、使われるのはほとんどの場合に英語だからである。

このような変化は、「在宅勤務」の広がりによって加速するだろう。これについては、本章の2で述べる。

ますます進む英語の世界語化

英語は、世界語だ。相手が国際的な仕事をしている人なら、どの国の人であっても、まず間違いなく英語で通じる。学者の場合に、英語が通じないということは、ほとんどない。世界経済圏が形成されつつあるが、そこでの共通言語は英語なのだ。

英語が唯一の国際語として使用されている。この傾向は将来もっと顕著になるだろう。このような傾向に対応して、世界の多くの国で、若い世代の英語力が高まっている。

例えば、韓国では、若い世代で英語に堪能な人が非常に多くなった。そして、アメリカやカナダに進出して仕事をしている。

ロシア人の英語もうまくなった。昔のロシアのバレエダンサーは、英語が下手だった。しかし、いまのバレエダンサーは、外国語を自由に使いこなしている。そして、ロシア国内にとどまらず、外国のバレエ団で活躍するようになっている。

マリインスキイ（ロシア・サンクトペテルブルクにある劇場）の芸術監督・指揮者のゲルギエフも、世界中で活躍しているが、彼の英語は、アメリカ人の英語とほぼ変わらない。バレエや音楽には言葉がないので、外国語に堪能である必要はないと思われがちだ。しかし、そうではない。ロシア人が外国で活躍できる時代になってから、外国語ができることの意味が強まったのだ。

ロシアの状況は、外国語の必要性に関するかつての常識を覆《くつがえ》している。１９８０年代までの世界では、人口1億人以上の国の国民は外国語が下手だった。その典型例が、日本、アメリカ、ロシア、中国である。人口が多いと、自国語だけで経済活動が成立してしまうため、外国語を学ぶ必要がなかったのだ。

それに対して、ヨーロッパの小国では、自国語だけでは経済が成立しないので、国民のほとんどが英語に堪能だ。国中、どこでも英語で用が足りる。

しかし、いまでは、少なくとも専門家に関するかぎり、こうした区別はなくなり、ロシアのような国でも英語が必要になってきた。ロシアだけではない。中国も変わってきている。東南アジアでも、英語で仕事ができる。

日本人の英語力は大きく見劣りする

世界のこうした変化に比べると、英語に関する日本の現状は、残念ながら大きく遅れている。

本章の最初に述べたような変化はあるにはあるが、世界で起きている変化に比べれば、まだまだ不十分だ。英語を世界語としてコミュニケーションが行なわれるようになった世界で、日本は孤立している。

私の観察でも、英語の実力が、私たちの世代に比べて低下している。英語の専門書や論文を読解できないし、英語の資料は最初から敬遠する。インターネットのサイトは、日本語のもの以外には、いっさい興味を示さない。

インターネットをはじめとして、英語の学習に役立つ情報技術が昔と比べて比較にならないほど進歩したにもかかわらず、英語の読解力が低下しているのだ。

日本はこれまで国内に十分なチャンスがあったが、これからは国内だけで十分かどうかは、分からない。しかし、「国内」という制約を外してグローバルな視点を持てば、いくらでもチャンスは広がっている。日本の若者は、韓国の若い世代のヴァイタリティを見倣《みなら》うべきだ。

専門家として仕事をするための英語

私は、「専門家として仕事をするには英語が必要」と言い続けてきた。しかし、日本社会は、英語の必要性をなかなか認めようとしなかった。

それを痛感させられたのは、早稲田大学大学院のファイナンス研究科で教え始めたときの経験だ。

最初の時間に、「この講義は英語で行なう」と言ったところ、学生諸君からの大反対にあった。歓迎されると思っていたので実に意外だったのだが、しばらく考えて理由が分かった。

大学院に来た目的は修士号を得ることであって、実力を高めることではなかったのだ。だから、「できるだけ少ない努力で修士号をとりたい」と考えるのだろう。しかし、この考えは間違いである。

もう一つの理由は、「これまで日本人は英語なしで仕事をしてこられたのだから、これからも英語が必要になることはないだろう」というものだろう。しかし、この考えも間違いだ。

ファイナンスを日本語で学んでも、活躍できる範囲は限られる。日本の金融機関でファイナンス理論が必要になるような業務を行なっているところは少ないからだ。ファイナンスの専門家として活躍したいなら、どうしても国際的な場になる。それには英語が必要だ。もう一つの理由もあるようだ。それは、「日本語で聞いても難しい内容を、英語で講義されては、全然分からなくなる」ということだ。しかし、こうなるのは、英語を日本語に翻訳して理解しようとするからだ。

翻訳して理解しようとするのは、中学・高校、そして大学教養課程での英語教育が不適切だからだ。

英語の講義は、英語で理解しなければならない。そして、ファイナンスの英語は、語学としては難しくない。英語の表現よりは、専門用語のほうが重要なのである(これは、ファイナンスに限らず、どんな専門分野でも同じことである。これについては、第3章で詳しく論じる)。

ファイナンス研究科講義の話に戻れば、やむを得ないので、「英語と日本語の両方で行なう」ということにした。その後、学生を説得しつつ、徐々に英語の部分を広げ、最終的には日本語と半々程度にした。「やってみれば英語の講義も決して難しくない」ということを、学生諸君も理解してくれるようになった。

本書は、こうした経験も踏まえて、「英語の勉強法」を考えることにしたい。

本書の対象は、「仕事で使う英語」だ。英語の上達それ自体が目的ではなく、仕事を進める上でどう使うか、という観点から考えたい。つまり、ユーザーの視点から英語の勉強を見ることとする。

英検やTOEICは本当に必要か？

「英語で仕事をするためには、『英検』(実用英語技能検定)2級以上合格や『TOEIC』(国際コミュニケーション英語能力テスト)高得点が必要」と言われることがある。

こうした試験を目指して勉強するのはよいことだと思う。

それに、こうした試験は、「能力を示すシグナル」として機能する。会社はそれによってあなたの英語能力を知ろうとするだろう。一般に、資格試験はシグナルとして有用だ。

ただし、英検やTOEICでよい成績をとったところで、英語で仕事ができるようにはならない。なぜなら、第2章で見るように、英語にはたくさんの種類のものがあるからだ。

さらに、専門用語は分野によって大きく違う。英検やTOEICは一般的な英語の能力を測っているだけであり、特定の専門分野での英語の能力を測れるわけではない。

2　リモート時代での働き方と英語

社会人が積極的に学び直しを始めている。

それは、新型コロナウイルスの感染拡大をきっかけとして、世の中が大きく変化し始めたからだ。

ニューノーマルで社会が大きく変わる

こうした変化に対応できる企業では、仕事の中身が変わっていくだろう。対応できない企業は淘汰《とうた》される。

「ニューノーマル」ということが言われる。「新型コロナウイルス後の世界は、これまでの世界と同じものではない」ということだ。新しい世界を支配する原則が「ニューノーマル」である。

コロナ後の世界は、なぜこれまでとは違うものになるのだろうか?

新型コロナウイルスによって、さまざまなことが大きく変わった。その中には、コロナが終われば元に戻るものもある。しかし、社会を構成する諸要因のうち、きわめて重要な部分で、元に戻らない変化も生じる（詳しくは後述する）。そのために、コロナ後の世界は、これまでの社会とは大きく違ったものになる。

変化に対応できる人、できない人

コロナ後の世界では、新しいビジネスモデルを採用できる企業が成長するだろう。

ニューノーマルに対応できる企業とそうでない企業とでは、評価に大きな違いが生じる。すでにそのような評価が株式市場に表れている。

株式の時価総額が大きく変化している。ＧＡＦＡ＋Ｍの時価総額が、日本の東京証券取引所の一部上場企業の総額よりも大きくなっている（ＧＡＦＡとは、Google、Apple、Facebook、Amazonで、ＭはMicrosoft）。また、ビデオ会議サービスZoomの時価総額がアメリカの航空会社の時価総額の合計よりも大きくなるという変化も生じている。

評価が変わるのは、企業だけではない。個々の人間についてもそうだ。変化に対応できる人とそうでない人は、コロナ後の世界において、評価が大きく変わるだろう。そうした改革をリードできる人が重要性を増すだろう。

したがって、変化に対応するために勉強することが非常に重要になってきている。企業がビジネスモデルを変更するのと同じように、個人も仕事のやり方を変えなければならないのだ。そのためには、勉強をする必要がある。

在宅勤務やビデオ会議が普通のことになった

ニューノーマルで生じた重要な変化として、在宅勤務（あるいは、テレワーク、リモートワーク）の広がりがある。

在宅勤務という働き方は、これまでも可能だった。しかし、例外的なものであって、特殊な場合においてのみ認められる働き方だと考えられていた。少なくとも、企業の側からは、そう考えられていた。

ところが、新型コロナウイルスの感染拡大によって、人と人との接触を避ける必要が生じ、在宅勤務が積極的に推奨されるようになった。企業外部の人たちとの打ち合わせも、ビデオ会議で行なうようになった。

ビデオ会議は、コロナ前であれば、「マニアックな人だけがやること」と考えられていた。リアルな会合をそれに切り替えることには、社会的な抵抗があった。

ビデオ会議は、技術的に言えば、かなり前から可能だったことだ。技術的には可能だったにもかかわらず、広範には使われなかったのだ。

それが、「ごく普通のこと」「当たり前の正統的な手段」と考えられるようになった。いわば、「社会ルールの大転換」が起きたことになる。

その転換が、わずか半年の間に生じた。これほど大きな変化がこれほど短期間のうちに起きたのは、人類の歴史でも稀《まれ》なことだったと言える。

在宅勤務やビデオ会議の大きな利点

在宅勤務を実際に導入してみると、さまざまな利点があることが分かった。

働く側から見て、在宅勤務の利点は多くある。何よりも、満員電車で長時間通勤しなくてもすむのは、大きなメリットだ。

企業の立場から見ても、都心に広いスペースのオフィスを借りる必要がないので、経費を節約できることが分かった。

このため、多くの企業が在宅勤務を本来の働き方として導入しようとしている。コロナが収束したあとでも、これを続けようというのだ。

在宅勤務への移行は、仮にコロナがなかったとしても、いずれは実現していたかもしれない。しかし、多くの人がその利点に気がつくには時間がかかっただろう。

コロナによって半ば強制的に導入せざるを得なくなったため、多くの人が在宅勤務を実際に経験することができた。つまり、これまでも進んだであろうような変化が、コロナによって加速されたことになる。

こうして、働き方が変わり、生活が変わる。そして、ビジネスモデルが変わり、社会の構造が変わる。さらには、人々の考え方や価値観が変わる。このように、変化が連鎖的に起こる。

これが、ニューノーマルに向かっての動きだ。

国境の消滅とテレマイグランツ（遠隔移民）

在宅勤務の広がりは、国内だけのことではない。地球的な広がりを持つ変化だ。「リモート」とは、「物理的な距離に関係なく勤務できるようになった」ことを意味するからだ。その距離は、30㎞であろうが、1万㎞であろうが、同じことだ。したがって、言葉の壁さえ克服できれば、日本に住んだままでアメリカの企業に勤務することが可能になった。

Twitter社は、新型コロナウイルス対策で始めた在宅勤務について、従業員が望めば永続的に続けられるようにすると発表した。日本を含む全世界の約５０００人の従業員が対象だ。

また、企業は、全世界から優秀な人材を（本人はその国に住んだままで）リクルートできる。インド人がインドに住んだままで日本の企業に勤務することも可能になっている。リモートとは国境の消滅を意味するのだ。

これがもたらす変化は、想像を絶するものだ。

リチャード・ボールドウィンは、『ＧＬＯＢＯＴＩＣＳ（グロボティクス）――グローバル化＋ロボット化がもたらす大激変』（高遠裕子訳、日本経済新聞出版社、２０１９年）の中で、これを、「テレマイグランツ（遠隔移民）」と呼んでいる。

実は、こうした形態の勤務は、アメリカではすでに２０００年頃から実際に行なわれているものだ。

とりわけ、インドとの間でこのような勤務形態が急拡大し、アメリカ企業のコールセンターは、事実上インドに移転した。また、データ処理や会計・法律の仕事についても、インドの専門家がインドに住んだままアメリカ企業で働く形態が一般化した。これがアメリカ経済の生産性を引き上げることに大きく貢献したのは、間違いない。

ビデオ会議の広がりによって、こうした勤務形態はこれから一層拡大するだろう。こうなると、誰もが全世界の有能な人材と競争することになる。

こうした時代に、生き残れるかどうかが問題だ。日本では言葉の壁があるため、これまでは、多くの人がこうした国際競争からは守られてきた。しかし、その状況が急速に変わりつつある。対応できなければ、日本が世界の潮流からさらに遅れてしまうことが危惧《きぐ》される。

しかし、逆に言えば、労働力人口が減少する日本において、経済を再活性化するための切り札ともなりうる。

要は、新しく可能となった働き方を、どのようにして活用するかということなのだ。

3　いますぐ勉強を始めよう

働ける期間が長くなり、勉強の必要性が増した

書店で英語学習書が目につくようになった。特別コーナーを設けている店もある。「プロフェッショナルの条件は英語の実力！」「外資系に就職するには、まず英語！」「英語を駆使して、国際舞台で活躍しよう！」などという勇《いさ》ましい宣伝文句が並んでいる。日本企業に見切りをつけて、世界を相手に仕事をしようという時代になってきたのだ。

英語学習熱の高まりは、大歓迎だ。社会人が勉強する必要性は、コロナ以前からあった。それは、社会の変化が加速しているからだ。

急激に変化していく社会においては、学校で勉強したことだけを元に仕事を続けていくことはできず、常に新しいことを勉強していかなければならない。

仕事に必要な知識は10年経てば一変する。「人生100年時代」と言われるようになり、働くことができる期間が長くなっていけば、学校で勉強したことだけですませようと思っても、できないことは明らかだ。

1日一つ、新しい知識を得る

社会人が勉強をするには、目的をはっきりさせたり、カリキュラム（勉強すべき内容と、スケジュール、教材など）を決めたりする必要がある。

これらは、大変重要だが、同時に、簡単にできるものではない。そうすると、「準備ばかりで、いつになっても始められない」ということになりかねない。

勉強は、今日からすぐに始めよう。とにかく始めるのだ。

そのために、1日一つ、新しい言葉の意味を調べることにしたらどうだろうか？　テレビやラジオで見たり聞いたりした英語で知らないものがあったら、調べるのだ。新聞に出てくる英語の略語も、片っ端から調べよう。SDGs、GDPS、DX等々。これは、いますぐできることだ。だから、まずこれから始めてみよう。

スマートフォンで音声検索をすればあっという間だ。これを続けていると、自分がどういう面で社会から立ち遅れているかが、分かる。それが分かったら、その分野をもっと深く勉強するのだ。

ただし、やってみると分かるが、毎日続けるのは、それほど簡単なことではない。夜寝るとき、「今日は、新しい言葉の意味を知ったか?」と点検しよう。

ポジティブに生きるのは、危機の時代においては最も重要なことだ。そして、勉強することは、ポジティブな生き方の中で最も素晴らしいものだと思う。

今日から1日に一つ新しい知識を得る。これを是非始めていただきたい。

第2章 どの英語を、どの程度勉強すべきか？

1　さまざまな英語がある

地域によってまるで違う英語

英語は、話されている国や地域によってずいぶん違う。アメリカとイギリスとインドで話されている英語は、まったく違う言語のように思える。

アメリカの英語とイギリスの英語で、違うのはまずアクセントだ。単語自体が違うこともある。私はアメリカの英語に慣れているため、イギリスの英語は非常に分かりにくい。アクセントが違うので、聞いているうちに分からなくなってしまう。「キングス・イングリッシュ」は苦手だ。オーストラリアの英語も分からない。

方言も分からない。イングランド中部のマンチェスターあたりの英語は、私にはほとんど理解できない。まず、ホテルの人が話している英語が分からない。街で店の人の英語がまったく分からなくて、仰天《ぎょうてん》したこともある。アメリカでも、南部の英語は非常に聞き取りにくい。

英語は世界の広範な地域で用いられているが、非英語圏の人々が話す訛《なま》りの強い不正確な英語は、聞きにくい。

理想を言えば、どんな地域の英語も聞けるようになることが望ましい。しかし、それには大変な努力を必要とする。

正確な英語かどうかの違い

知的水準が高い人の正確な英語は、あまり地域差がなく、発音も標準的だ。そうであっても、アメリカの英語とイギリスの英語はかなり違うので、どちらを勉強するかを、選ばざるをえない。

どちらを選んだらよいかは、一人ひとりの都合に合わせて決めるしかない。イギリスに赴任するのであれば、イギリスの英語を勉強すればよい。アメリカに留学するのであれば、アメリカの英語を勉強する。

正確な英語以外に、日常的な俗語、つまり「スラング」がある。正確な英語かどうかは、英語の勉強法にも関連する。あとで述べるように、英語を聞く勉強には、テレビやラジオのニュース、あるいは討論番組を聞くのがよいのだが、これらは正確な英語だ。

これに対して、映画の英語は、普通は正確な英語ではない。スラングが多い。私は、スラングが多い映画を見ていると、分からない場合が多い。

英語の勉強のために映画を見ればよいと言う人がいる。映画は面白いから、楽しみながら英語の勉強ができるというわけだ。しかし、私はこの意見には賛成しない。これについては、第5章で述べる。

留学生の場合、教室では正確な英語が使われているが、そこを出て友達と話すときは、スラングが多い。文法も正確ではないし、出てくる単語も、本に書いてあるような英語とはかなり違う。

スラングが理解できるようになるまで英語を勉強するのは、大変難しいことだ。仕事で英語を使うことを考えると、そこまでできなくともよいと思う。

ビジネスパーソンがビジネスの相手と英語で仕事をするには、正確な英語が分かればよい。スラングが分かればそれに越したことはないが、全部分かるようになるまで英語を勉強するのは、英語話者以外の人にとっては大変な時間と労力になってしまう。そうした労力や時間は、多くの場合に無駄だと思う。

医学用語は難しい

日常用語以外に、専門用語があり、これは分野によって違う(詳しくは第3章で述べる)。また、アメリカ人やイギリス人にとっては専門用語でないが、日本人にとっては専門用語になってしまうものもある。例えば、医学用語だ。

私は、1960年代の末に最初にアメリカに留学したとき、着いて数日後に、大学の健康診断の手続きで、既往症リストのチェックを求められた。

ところが、そのリストにずらずらと並んでいる病名の中で、私が理解できたのは、TB(結核)とVD(性病)だけだった。それ以外は、皆目分からなかった。

アメリカ人の学生は何の苦もなくチェックしているので、彼らにとっては日常用語なのだろう。これは、いまでもよく覚えている、あまりに鮮明な記憶だ。

2004年にアメリカに滞在したときには、病院(スタンフォード・メディカルセンター)で検査の準備として下剤の服用を指示された。しかし、「下剤」という言葉を理解できなかったのである。「それは何か?」と尋ねたところ、医師は当惑した顔で、「この処方箋を薬局で示せ」と言っただけだった。

アメリカ人にとって下剤は日常用語だから、「それは何か?」と聞かれても、答えに窮《きゅう》するのだろう。

2　習得したいのは、どの英語なのか？

英語を12種類に分類する

英語の訓練は、まず、「聞く(listening)」「読む(reading)」「話す(speaking)」「書く(writing)」に区別することができる。さらに、「専門(professional)」「正式(formal)」「非正式(informal)」の区別がある。すると、全部で12種類の英語があることになる。これを図表2-1にまとめた。

「正式」は、ある程度の知的水準の人が、正式な場で用いる英語だ。「正式な英語を聞く」の典型例は、テレビやラジオのニュース番組を見たり、聞いたりする場合だ。空港や駅でアナウンスを聞くのも、これにあたる。「正式な英語を読む」は、新聞や一般的な雑誌の記事を読む場合だ。

仕事で会議をする場合や大学のクラスで議論をする場合に用いられるのは、「正式な英語を話す」だ。ビジネスメールや期末レポートを書くときは、「正式な英語を書く」が必要になる。

「専門」は専門的な仕事で要求される英語である。語彙《ごい》においても表現においても、単

図表2–1　12種類の英語

	聞く	読む	話す	書く
専門	大学の講義を聞く。	専門の論文を読む。	専門家の会議で議論する。	論文を書く。
正式	ラジオやテレビのニュースを聞く、見る。	新聞・雑誌を読む。	大学の教室で発表、発言する。	大学のレポートを書く。
非正式	映画を見る。友人との会話。日常生活。	くだけた文章などを読む。	友人との会話。	くだけた文章などを書く。

に正式というだけとは、かなり隔《へだ》たりがある。専門的な仕事を行なう場合、「正式」の英語では不十分だ。

「非正式」は、日常生活の場で用いられる英語である。さまざまな人とコミュニケーションをとるには、「正式でない英語を聞く」が必要になる。学生仲間に溶け込むためには、「正式でない英語を話す」も要求されるだろう。ただし、社会人にとって必要なのは、普通は「聞く」だけである。

英語を勉強する目的は何か？

以上で述べたさまざまな英語のうち、どれが必要になるかは、英語を勉強する目的によって違う。

目的については、つぎのように区別することができるだろう。

①試験　学校における試験、入学試験、TOE

ＦＬ（米国への留学生などに課される英語試験）、ＴＯＥＩＣ、英検など。

②**勉強や仕事**　留学して講義を聞く、試験を受ける、論文を書く、英語の資料を読む。仕事相手と仕事上の話をする、メールをやり取りする。オフィスにかかってきた電話をとる。

③**サバイバル**　短期間の出張や旅行など。

④**日常生活**　外国で生活する。

⑤**趣味**　外国の映画を見る、歌をうたう、小説や詩を読む。

各々で必要とされる英語は、まったく違う。それらに応じた対処法と勉強法を考える必要がある。つまり、一般的な英語学習法というものはない。

なお、英語を「話す」ことが必要であるとしても、話す訓練が必要というわけではない。むしろ「聞く」訓練をすべきだ。これについては、第5章で詳しく述べる。

実用英語は、目的に即した範囲で勉強すればよい。旅行用、仕事用、趣味用の各々で、必要な英語の範囲が異なる。外国語の学習は、母国語とは基本的に異なる。どの英語がどの程度必要かは、目的によって大きく異なるのだ。

本章の5で述べるように、受験英語には、とりわけ強いバイアスがある。だから、外国で生活したからといって、よい点をとれるとは限らない。

漠然と「英語がうまくなりたい」「英語を流ちょうに話したい」と考えるべきではない。英会話学校が役に立たないのは、このためだ。

テレビの「英会話番組」で行なっている英語は、どのような用途を想定し、何を目的としたものなのだろうか？　書店に並んでいる「実用英語」の本を見ても、「ちょっと違うんだがなあ……」と感じることが多い。

「正式でない英語」は難しい

図表2－1に示した差は、もちろん日本語にもある。しかし、われわれ日本人は、通常はこうした差を意識していない。

例えば、テレビのニュースでアナウンサーが話している日本語と、落語の日本語、あるいは映画「男はつらいよ」で寅《とら》さんが話している日本語は、だいぶ違う。しかし、われわれ日本人は、その差をはっきりと意識しているわけではない。

母国語の場合、正式と非正式のギャップはあまり気にならない。しかし、外国人が落語や寅さんの会話を理解するのは、かなり難しいと思う。

同じことが、日本人から見た英語についても言えるのだ。英語の場合には、正式と非正式の間にかなり大きな差がある。正式な英語を聞き取るのは楽だが、正式でない英語を聞き取るのは、外国人にとっては非常に大変だ。

どの英語が必要なのか、何を学ぶべきなのかを見極め、効率的に学習しよう。

3　完璧ではなく、8割を目指そう

「8割原則」とは何か？

英語の専門家になるのであれば、どんな英語でも聞き取れるようになるまで勉強することが必要だろう。しかし、われわれにとって本当に重要なのは、仕事を進めることであって、英語は道具にすぎない。そうであれば、ほとんどの場合に「これさえできれば大丈夫」という水準を目指すべきだ。私は、これを「8割原則」と呼んでいる。

これは、英語の勉強に限らず、さまざまな仕事について、一般的に正しい原則だ。

つまり、ある仕事を完璧に仕上げるのを10割とすれば、8割までは中断せずにやるが、そこまでいったら、別の緊急な仕事に移る。そして、時間に余裕ができれば、元の仕事に戻って、10割まで（あるいは12割まで）仕上げるのである。

これが正しいのは、「限界効用逓減《ていげん》の法則」があるからだ。つまり、残りの2割をやろうとすると、限界効用がそれまでより低くなってしまうのだ（注）。

（注）いま、何の知識もない状態を0とし、完璧な状態を10としよう。このとき知識0を2にすることには大きな効果が期待されるが、すでに8までの知識がある場合にそれを10にしても、得られる効果は少ない。これが「限界効用逓減の法則」だ。経済学の基本的な法則の一つである。

ブライアン・クリスチャン、トム・グリフィス『アルゴリズム思考術――問題解決の最強ツール』（田沢恭子訳、早川書房、2017年）には、つぎのようなアドバイスがある。「不確実性が高く、データが限られている場合には、（中略）自分（またはほかの人）独自の基準で完璧と思われるものを目指して仕事を完璧に仕上げようと余分に時間を費やすのは無駄だ」「単純性を重視して、早期に打ち切るべきなのだ」。これも、同じような考えだ。

正確な英語を理解できればよい

英語について「8割原則」を具体的に言えば、仕事で英語を使う場合には、知的水準が高い人の正確な英語を理解できればよい。例えば、テレビやラジオのニュース番組で使われている英語が理解できればよい。

留学生にとって重要なのは、授業の内容が分かることだ。そのためには、教室で先生が話している英語を聞ければよい。これも、先ほどの条件にあっている典型例だ。つまり、知的水準の高い人の正確な英語である。これが聞ければ、留学生にとっては、ほとんどの目的は達せられる。

スラングや方言は分からなくてよい。少なくとも、それを分かるために必要とされる大変な努力に比べれば、得られる効果は少ない。

「RとLの違い」は本当に重要か？

もう一つ。英語の発音は大変難しい問題だ。日本人はしばしば「RとLの違い」が聞き取れないと言われる。確かにその通りだ。

しかし、実際の会話では、言葉は文脈の中で使用される。このため、「R」と「L」を聞き取れないことが問題になる機会は、あまりない。だから、この区別にあまり気を遣う必要はないと思う。

では、自分で発音するときに「R」と「L」の区別ができる必要があるか？

英会話の学校で、それができるようになるまで練習させられるということをよく聞く。しかし、私はこれもあまり重要ではないと思う。多分、相手は文脈の中で理解してくれるからだ。

また、「th」を日本人は「su」と発音する。thinkを「シンク」と言ったりする。これもあまり気にする必要はないのではないか。ネイティブスピーカーの通りに発音できなくてもよいと思う。

われわれは、英語そのものを勉強しようとしているわけではない。仕事をうまく進めるために英語をどのように使うかが重要な点だ。

口頭でのコミュニケーションに関する限り重要なのは、英語そのものではない。話す中身が重要である。

したがって、発音同様、文法も必ずしも正確なものでなくてもよい。意思が通じればよい。この点は、別に英語のコミュニケーションに限ったことではない。われわれが普段日本語で会話をする場合でもそうだ。

われわれは、必ずしも文法的に正しい日本語を話しているわけではない。意思が伝わればよい。日本語として正しいけれども内容がないのでは駄目であって、日本語が文法的に少し間違っていたとしても、中身があることが重要だ。

英語の場合も同じである。ただし、正確な英語でなくてよいことは、第7章で述べる「書く英語」の場合には、まったく違う状況になる。いま問題にしているのは、口頭のコミュニケーションだ。この点は注意していただきたい。

口頭のコミュニケーションで重要なのは、言語の正確さというよりは、内容である。「正式な英語が使えれば、ビジネスの場で相手とコミュニケーションができる」と述べた。その場合の大前提は、話に中身があることだ。相手が聞いてくれるかどうかは、こちらの話が相手にとって価値があるかどうかによって決まる。

中身のない話であれば、あるいは相手がとっくに知っていることであれば、いくら流ちょうな英語で話したとしても、相手は熱心には聞いてくれない。中身があれば、英語としての表現が稚拙《ちせつ》であっても、相手は聞いてくれるだろう。

文法的に正確でないブロークン・イングリッシュであっても、発音が日本式であっても構わない。すでに述べたように、ＲとＬの区別ができなくとも、実際のコミュニケーションで大きな障害になることは少ない（ただし、アクセントは正確である必要がある）。

パーティーの英語は難しい

仕事で必要なのは正式な英語だと述べた。しかし、ビジネスパーソンにとっても、仕事上の話だけでなく、一般的な会話が必要になる場面がある。それは、パーティーである。

パーティーといっても、紳士淑女が着飾って出席する豪華なパーティーではない。例えば、会議をする場合に、よくパーティーがある。会議室に入る前に、ラウンジや庭でお茶を飲むだけ、コーヒーを飲むだけといったものだ。参加メンバーがお互いによく知り合うための場だ。

パーティーなどどうでもいい、と考える人がいるかもしれない。しかし、実はそうではない。こうしたパーティーは日本ではあまりやらないので、慣れていない人が多いが、これは、知り合いを作るための貴重な場だ。自分を相手に売り込むための場であり、自分がどういう人間であるかを相手に知ってもらうための重要な機会だ。

だから、ビジネスパーソンたるもの、パーティーをおろそかにすることはできない。誰とも話さないで、一人でポツンとしていると、「あの人、変な人間なんじゃないか」と思われてしまう。

パーティーで話されるのは、仕事のことではない。仕事の話しかできないと、「ワーカホリックのつまらない奴《やつ》」と評価される。だから、世間話をする必要がある。

世間話は難しい。日本人にとっては、まず、話題になっていることを理解すること自体が難しい。皆がゲラゲラ笑っているのだが、何がおかしいのか分からない。付き合いで笑えば、「あなたは、どう思う？」という質問が襲ってくる。

話題は、カレント・トピックス（時事問題）が多い。全世界共通の話題以外に、その国のローカルな話題も多い。日本でこうした事情を知るのは、これまでは難しかった。いまは、インターネットでその国の新聞や雑誌を見ればよい。テキストをダウンロードして必要な情報を覚えておけば、パーティーの際の強力な道具にもなるだろう。

リスニングに自信がない人にとって最善の方法は、自分から話すことである。攻撃は最良の防御なのだ。ただし、皆が聞き耳を立てるような内容を話す必要がある。

一番よいのは、舞台裏の秘話である。「その裏にはこうした取引があったそうだ」といった類《たぐい》の話だ。つまり、新聞や雑誌に出ていないことを話す必要がある。そのためには、普段の情報収集が肝要だ。

パーティーに限らず、会話で人を引き付ける有効な手段は、ジョークだ。在庫をたくさん準備しておいて、「ここぞ」というところで披露《ひろう》してみよう。大勢の中であなたの存在が印象づけられるだろう。ただし、不発に終わるとみじめなので、できるだけ分かりやすいものを選ぶ必要がある。

英語の勉強手段として、映画はあまり役に立たないと述べた。映画にはスラングが多く、必ずしも正確な英語ではないからだ。また、専門用語の観点からも、映画の英語はあまり役に立たない。映画で経済政策の専門用語を使うというような事態は、あまりないからだ。

そう考えると、映画で英語を勉強しても、やはりあまり役に立たない。仮にある映画の英語を最初から最後まで完全に理解することができたとしても、それをビジネスパーソンが仕事に使えるかと言えば、そうはならない。

ただ、一つだけ例外がある。つまり、ビジネスパーソンであっても、映画の英語が必要となる場合がある。それが、ここで述べたパーティーなのだ。

4　どこは完璧にマスターすべきか？

「ゆっくり話してください」とは頼めない

不正確な英語やスラング、方言は分からなくてもよい半面で、完全に習得しなければならないものもある。それは、速く話される英語を聞くことだ。

多くの日本人は、「ネイティブスピーカーが話す英語は速すぎて分からない」と言う。「もっとゆっくり話してくれないと聞き取れない」というわけだ。しかし、私はこれは間違いだと思う。

彼らは、特別速く話しているわけではなく、普通の速さで話している。普通の速さの英語は聞き取れる必要がある。二人で話しているのなら、相手に「もっとゆっくり話してください」と言うことができる。しかし、講演や講義を聞いている場合には、「ゆっくり話してください」と頼むことはできない。

実は、ネイティブスピーカーの英語を日本人が速いと感じるのには、理由がある。それは、英語を単語に分けて聞こうとしているからだ。速く話されると単語が連続してしまって分けて聞くことができない。だから、「ゆっくり話してほしい」「1語1語分けて話してほしい」と要求したくなるのだ。

これは、日本語と英語という言語の違いだ。日本語の場合は、かなり速く話していても、一つひとつの単語を分別することができる。ところが、英語の場合はそうではない。日常会話では、言葉が連続して聞こえることがよくある。これは、速さの問題というよりも、英語という言葉の特徴だと考えたほうがよい。フランス語に「リエゾン」（単独では発音されない語末の子音が、直後に母音がある場合に発音される現象）というものがあるが、英語でもこれに近いことが生じるのだ。

例えば、文章ではI am going toと書いてあるものを、口語では、I'm gonna（アムゴナ）と言う。決して「アイ・アム・ゴーイング・トゥ」とは言わない。また、I want toというのは「アイ・ウォント・トゥ」ではなく、「アイワナ」と言う。これが聞き取れないと、英語を聞き取ることはできない。

だから、言葉が連続して聞こえる、あるいは非常に速く聞こえるのは、日本語と英語の違いだと割り切って、通常話されている速さで聞けなくてはいけない。日本人がこれを聞き取れないのは、第４章で述べるように、「分解法」で勉強しているからである。

ここで手抜きをしてはいけない。完璧にマスターする必要がある。

ビジネス英語は1500語ではできない

英語の必要性は、日本社会でも認められるようになってきた。しかし、人々が「お手軽勉強法」を求める傾向は、一向に変わらない。

「グロービッシュ」という考えがある。１５００語だけを使って英語のコミュニケーションを行なおうという考えだ。

確かに、１５００語だけでも、自分の考えを伝えることはできる。しかし、ビジネスは、こちらから一方的に考えを伝えるだけでは完結しない。相手が言っている内容を理解することが必要だ。

普通は、聞くことのほうがずっと多い。相手に「１５００の語彙で話してください」と要求することは不可能である。聞くのは、自分でコントロールできないから難しいのである。ビジネスの世界は厳しい。ちょっとした聞き違いや意味の取り違いが大きな損失につながることもある。

また、1500語では、自分の意思を伝えられたとしても、相手から「語彙の少ない人間、能力の低い人間」と評価される危険がある。それくらいなら、沈黙しているほうが安全だ。グロービッシュの考えは、「仕事で英語を使うのはどういうシーンなのか」についての想定を完全に間違えている。

もっとも、グロービッシュがまったく意味がないとは思わない。英語を勉強するための取り掛かりとしてはよいだろう。「英語がまったくできない」状態を脱し、「ある程度分かる」状態に進めば、あとは自動的に学習が進む。

ただし、英語は、多くの人がすでに中学から勉強しており、取り掛かりはすでにできているはずだ。「限定された単語だけで話す」というこの方法は、英語以外の言語の学習で使うのがよいだろう。

もう一つの効用は、気後れしなくなることだ。日本人は積極的でない。教室でも手を上げない。少しでも話せるようになってこの状態が克服できるのなら、意味がある。

このレベルの英語を学ぶには、VOA(Voice of America:アメリカ政府が運営する国営放送)の放送をインターネットで聞くのがよい。基本単語だけを用いてゆっくりと話しているので、初級者向けとして最適だ。ただし、このレベルの英語で実用に耐えないことは、繰り返し注意したい。

語彙はどれだけ必要か？

学習指導要領では、中学校で習得すべき語は現在１６００〜１８００語程度とされている。つまり、中学校の勉強だけでは、実用にはほど遠いということになる。

大学受験で必要な語数は、５０００語程度と言われる。実用英語技能検定（英検）では、必要語彙を２級（高校卒業程度）で５１００語、１級（大学上級程度）で１万〜１万５０００語としている。

ビジネスパーソンが仕事に使う英語であれば、最低５０００語程度は必要だろう。必要とされる語数が具体的にどの程度かは、仕事の内容によって大きく違うだろう。また、語彙数だけをいたずらに増やすよりは、分野によって異なる専門用語を勉強するほうが重要だ。実用英語では、一定数の語彙を習得したら、あとはそれをどのように活用できるかを考えるべきだ。

なお、ネイティブスピーカーの語彙は5万語程度と言われているが、頻繁に使う語彙は、専門職でも５０００語程度と言われる。ただし、書く英語は完璧である必要がある。これについては、第7章で述べる。

5　受験英語はバイアスのかかった英語

「デルタン」の哲学は正しい

英語にはさまざまな種類があると述べたが、その最も極端なものが受験英語だ。「デルタン」という受験参考書があった。これは、『試験にでる英単語』（森一郎著、青春出版社）の略で、大学入試に出る頻度が高い英単語をまとめたものだ。ある世代以上の人なら、大学受験の勉強で、必ず利用しただろう。発行部数が累計１５００万部以上という超ベストセラーだ。

この本の基本哲学は、入試に出る英単語の頻度は、一般的な日常会話で使われる英単語の頻度とは違うというものだ。だから、「受験英語では日常会話ではあまり使わない単語が重要」というのだ。

頻度分布が違うのは、入試問題を作っているのは日本の学者であって、文献英語には詳しいが、日常英語にはあまり詳しくないからだ。彼らが作る入試問題に出る単語には、バイアスがかかっている。日常的に使われるものよりレベルが高い単語が多い。そこで、「バイアスのかかった勉強をしよう」というのが基本的な考えだ。

アメリカの学校に通っていた帰国子女が、日本の大学の英語の入試で必ずしもよい成績をとれないと言われることがあるが、それは当然だ。彼らは、「日常会話の英語」に強いのであって、「入試型の英語」に強いわけではない。

まったく納得できる説明だ。実に重要な発見ではないか。

第4章で述べるように、私は「単語を覚えることによって英語を勉強する」という考えには反対なのだが、「一般的な日常英語と入試の英語は違うものだ」という観察には賛成である。

バイアスのかかった勉強をしよう

実は、この本の著者である森一郎先生は、私の高校の担任教師である。森先生がこの本を書いていたのは私が大学生のときで、私はその実験台にさせられた。

森先生の結論は、「野口君の英語も、一般的な日常英語ではなく、受験英語だ」というものだった。つまり、「普通のアメリカ人は知らないような難しい単語を知っている半面で、アメリカ人なら誰でも知っている単語で知らないものがある」ということだ。

受験英語(または学者の英語)と日常英語(街で話されている英語)は、違う。このことは、その後アメリカで生活していたときに、何度も思い知らされた。

単語だけではない。文法にもバイアスがかかっている。過去完了などは、日本の大学の入試では出るが、日常会話ではあまり聞かない。

半面で、日常会話では、主語を表すのに頻繁にyouを使う。しかし、これは受験英語ではないことだ。口語では、二重否定が単なる否定になる場合も多い(you don't know nothingなど)。また、She don't care. などとも言う(ビートルズの歌に、この文句が出てくる)。

森理論の教訓は、「文章を暗記するなら、文学作品ではなく科学者の書いたエッセイのようなもののほうがよい」ということだ。「デルタン」の話を持ち出したのは、「外国語の勉強は、目的に応じてバイアスのかかった勉強をすることが必要だ」ということを強調したいからだ。

入試の英語では、入試用にバイアスのかかった勉強をすべきだ。入試合格という目的に照らせば、それが遥かに効率的なのである。

第3章 社会人の英語は独学でしか学べない

1　なぜ独学なのか？

独学は学校の代替物ではない

社会人が勉強するためには、社会人向けの大学院や専門学校などに入学する必要があるだろうか？　英語の勉強のためには英会話学校に通う必要があるだろうか？日本人には、そうしたほうがよいと考えている人が多い。しかし、私は、必ずしも学校に通う必要はないと思う。というより、社会人の勉強は、学校でなく独学が基本だと思う。基礎教育の場合には学校に通うのが普通の方式だが、社会人の場合はそうではない。

勉強する方法について、多くの人が固定観念に囚《とら》われている。その最大のものが、「学校に行かなければ、勉強はできない」との思い込みだ。

英語の場合にも、「英会話学校に入学すれば自動的に英語が上達するだろう」と考える。しかし、この期待は間違いだ。なぜか？

英会話学校では、画一的なことしか教えられないからだ。社会人が学ぶべき内容やレベルは、人によって大きく違う。第2章で述べたように、さまざまな英語がある。本章の2

で詳しく述べるように、ビジネスパーソンにとって必要なのは専門用語であり、これは一般の英会話学校では教えていない。

独学は、学校の代替物ではない。費用を節約するためにするものでもない。自分に合わせた勉強をするには、独学によらざるを得ないのだ。

独学するための条件が整ってきた

外国語の勉強のために英会話学校に通わなくとも、自分で勉強を進めていくことは十分できる。

自分で目的を持って調べようとすれば、書籍を購入したりウェブサイトを検索したりすることによって、さまざまな資料を手に入れることができ、勉強を進めることができる。

昔は教材がなかった。とくに音源がなかった。いまでは、英語教材はウェブにいくらでもある。社会人にとって必要なのは、専門分野の英語だ。この教材は、ウェブに多数ある。また、自動翻訳も使えるようになっている。第8章で詳しく述べるように、自動翻訳で外国語の文献を読める。また、図形認識機能が向上し、外国語の書籍を読み上げさせることも容易になった。こうして、独学がやりやすくなった。

コロナ禍で在宅勤務が増えた。これまで満員電車で通勤していた時間帯を、勉強のため

図表3–1　英会話学校より独学が優れている理由

英会話学校の問題点	独学が優れている点	参照箇所
英語にはさまざまなものがあるにもかかわらず、画一的な英語しか学べない。	自分が学びたい英語を集中して学べる。	第2章の1
個人の英語力にはかなりの差があるにもかかわらず、それに細かく対応した学び方ができない。	自分の英語力にあった学び方ができる。	第3章の1
仕事に必要な専門用語を学ぶことができない。	自分の仕事に必要な専門用語を学ぶことができる。	第3章の2、3
学校に通うための時間を作らなければならない。	自分の好きな時間に勉強できる。 通勤時間を利用できる。 在宅勤務により節約できた時間を有効活用できる。	第5章の3
英語を書く訓練が重要であるにもかかわらず、個別添削指導は困難。	英語を書くための訓練をすることができる。	第7章
学校が用意する教材は自分の興味にはあわないかもしれない。	ウェブから自分の興味にあった教材を得ることができる。	第5章、第7章、第8章
授業料が高い。	授業料を払う必要はない。	

に振り向けることができるはずだ。これを機会に、インターネットを用いた独学を始めるべきだ。これが、ニューノーマル時代の勉強法だ。

なお、本章以外で述べていることも含めて、「英会話学校より独学が優れている理由」を図表3-1にまとめた。

モチベーションをいかに保つか？

英語の勉強について多くの人が陥っているもう一つの間違いは、目的意識がはっきりしない、あるいはモチベーションが漠然としていることだ。

あとで詳しく述べるが、英語の勉強には、かなり長い期間が必要になる。1日や2日勉強すればできてしまうものではない。英語で支障なく仕事ができるようになるには、数年間、勉強を続ける必要がある。

目的意識が弱いと、途中でいやになってしまう。強いインセンティブや強いモチベーションがないと、長続きしない。最初は意気込んで勉強を始めても、途中で挫折《ざせつ》してしまう人が多い。

「周りの人間が英語を勉強しなければならないというから、英語を勉強しなくては」と思うのは、大変結構なことだ。しかし、このような目的意識は、漠然としている。

この程度のあまりはっきりしないモチベーションでは、1年、2年という期間にわたって勉強を続けるのは難しい。長い期間かけて英語を勉強するためには、明確な目的がどうしても必要だ。

インセンティブは、何でもよい。例えば、「英語ができるようになれば、外国のウェブサイトを自由に見られるようになり、さまざまな情報を集められる」ということでもよい。あるいは、「半年後に社長がアメリカに行く用事があり、そのお供に選ばれた。もしそのときの相手との会合で英語でうまく交渉できれば、社長に認められ、将来の昇進につながるだろう」といったことでもよい。

「今度の外国出張で、英語ができることを皆に見せよう」というようなことでもよい。そういう機会を自分から作り出してもよい。「人に自慢したいから勉強する」というのも重要だ。政治家は偉くなるほど政治家としての能力が高まると言われる（能力があるから偉くなるのでなく、偉くなるから能力が高まるのだ）。それと同じことである。

ただし、外国語を勉強するのは、このような実用的な効用があるからだけではない。楽しいからだ。これについては、第9章で述べる。

モチベーションやインセンティブは、なるべく具体的なものがよい。目的がはっきりしていれば、どのように勉強をしたらよいかもはっきりしてくる。なんとなく勉強、ということではなく、はっきりした目的意識を持つ必要がある。

言葉の習得に特別な才能は必要ない

アメリカでは子供でも英語をしゃべっている。ロシアでは、小学生でもあの難しいキリル文字を読める。こうしたことが冗談で言われるが、その通りである。

言葉は格別の才能がなくても誰でも習得できる。そしてその習得は独学である。つまり、外国語の習得は、それほど難しいことではないのだ。

しかも幼児が母国語を習得するときより、もっと効率的な方法で学ぶことができる。したがって短期間で習得できるはずだ。

大人になってからでは、言葉の習得は難しいと言う人がいる。しかし大人になってから外国語を完全にマスターした人はたくさんいる。だから、この考えは間違いだ。

2　仕事で必要なのは専門用語

英語を使って何を伝えるか?

仕事で必要なのは、一般の日常的な用語や表現とはかなり異なる専門用語や専門的な表現だ。これはビジネスパーソンだけではなく、プロフェッショナルな仕事について一般的に言えることだ。

ところが、英会話学校やテレビ/ラジオの英会話番組では、「専門用語が重要」という認識が希薄だ。「ご機嫌いかが?」というような挨拶や会話が英会話であるとしている場合が多い。それが「実用英語」の主要な内容だと考えているようなのだ。

こうした会話がまったく不必要だとは言わないが、仕事を進める場合には、それほど重要なものではない。初めて会った人に挨拶するのであれば、何を言うかよりも、むしろ笑顔でいることのほうが重要だ。

それに、挨拶がいかに流ちょうにできたところで、それだけでは実際の仕事には何の役にも立たない。専門家同士がコミュニケーションを行ない、仕事を進めてゆくにはまったく不十分だ。「仕事に使う道具」という視点がないことが、日本人の実用英語学習における大きな誤りである。

「一般的な挨拶などで使う英語が話せるようになればよい」という漠然とした考えから脱却し、仕事で現実に必要とされる英語がどのようなものであるかを把握することが重要だ。

なお、英語だけがうまくなっても駄目である。それはコミュニケーションの手段に過ぎないからだ。「英語を使って何を伝えるか」が重要なのである。

仕事では専門用語が不可欠

専門家同士のコミュニケーションで重要なのは、その分野の「テクニカルターム」(専門用語)である。

自動車関連の仕事なら部品の名称などが、化学関係なら製品や原料の物質名などが重要だ。法律なら、特殊な専門用語と特殊な構造の文章の世界である。税や会計などの分野でも、特殊な専門用語が多い。略語も多い。

会社の仕事を取引先の相手に説明する、あるいは新しい事業を展開する際に、その事業がどういうものかを説明する。そうした状況では、たくさん専門用語が出てくる。そして専門用語が正しく使われていれば、何を話したいかが相手に伝わる。

逆に、これらが分からなければ、専門家同士のコミュニケーションは成立しない。英語の一般的知識をいくら持っていたところで、手も足もでない（どのような言葉が必要かは、分野によって違う）。逆に、これらの用語さえ知っていれば、専門家同士の会話は、かなりの程度は進む。

学校教育では、すべての用途に合わせるために一般的な英語を教えている。しかし、これと仕事に使う英語との間には、大きな差がある。

専門用語が分かれば意思疎通できる

税の話をするのであれば、「税額控除」「累進課税」「節税と脱税」などの用語を知らないと、まったく話にならない。累進課税は、progressive taxationと言うのだが、これは日常的に使われる言葉ではない。progressive taxationは「進歩的な課税」ではないのだ。金融では、「円がドルに対して10％増価した」とか、「中央銀行が貨幣供給を増加して金融緩和した」という類の表現が必要だ。

経済学ではutilityという言葉をよく使う。これは、「効用」という意味だ。ある財を消費した場合にどの程度満足するか、それをutilityと言う。しかし、日常の英語では、utili-tyは電気、ガス、水道などを指す。だから、経済学でのutilityの使用法を知らないでこの言葉を訳してしまうと、とんでもない意味になってしまう。

専門分野のテクニカルタームは、その分野の専門家でないと分からない。国際会議の場合、専門家同士だと通訳は入らないが、大きな会議だと同時通訳が入る。そこでは、事前に必ず打ち合わせをして、どのような言葉が使われるかをチェックする。

同時通訳から事前にテキストを要求される。あるいは、発言で用いるテクニカルタームを、事前に聞かれる。それは、会議で使われる言葉に専門用語が多いからだ。専門用語を正しく翻訳しなければ意味が通じない。

同時通訳者は、言葉そのものに関してはプロだ。しかし、専門家の討論を通訳するには、その分野の専門用語を知らないとどうにもならないことを、よく知っているのである。言葉一般について自信があるからこそ、専門用語に関しては謙虚になっているのだ。

これは、プロとして正しい態度である。ある同時通訳者は、税関係の国際会議のあとで、「あなたがたが話しているのは、〈税語〉です。私たちが分からないのは当然」と言った。

専門用語を「討論用表現」でつなぐ

専門用語の多くは、名詞である。しかし、名詞だけを並べても、コミュニケーションは成立しない。それらを一般的な文脈の中に位置づけなければならない。

ただし、ここで必要とされる表現も、日常会話とはかなり違う。「会議用表現、討論用表現」とでも言えるものがあるのだ。

これは、自分の考えを説明し、相手の発言に対して意見を述べ、あるいは反論する際の言い回しである。「Aさんの発言は、一般的には正しいと思う。しかし、違う見方もある。それについて説明したい。ポイントは三つある。第1に……」というような表現だ。

こうした言い回しは、恋愛映画や家族ドラマをいくら見ても、習得できない。小説を読んでも、駄目である。そうしたシチュエーションでは登場しない言い回しだからだ。これらを学ぶには、ラジオやテレビの討論番組を聞いたり見たりするのがよい。

専門家にとって口頭のコミュニケーションで必要な英語は、ほぼ以上に尽きる。つまり、テクニカルタームを熟知し、それらを「討論用表現」で結合できればよいのだ。

これは、英語のごく一部でしかない。だから、自分の専門の世界を離れると、途端にコミュニケーションができなくなる。相手の言っていることが分からないし、自分の意志も適確に表現できない。病気になっても症状を言えない。しかし、仕事に限れば、多くの場合に、それで何とかなる。

なお、厳密な意味での専門用語ではないのだが、「大きな数」は、日常の会話にはあまり出てこないので、「仕事用の英語」ということができる。

英語の場合、数字が大きくなると、単位の取り方が日本のルールと違うので、そう簡単ではない。調べればすぐ分かることだが、会話の途中などでとっさに言わなければならない場合に、混乱することがある。

円からドルへの換算が必要な場合には、もっと混乱する。「あなたの会社の従業員は何人か？　年間売上高は何ドルか？」などの質問にとっさに答えられるだろうか？

また、ＧＤＰなど、統計の数字もドル単位で英語で言う必要がある。

3　英会話学校では専門用語を教えられない

各分野の専門家は英会話学校にいない

本章の２で述べたように、ビジネスパーソンが使う英語で重要なのは、専門的な用語、専門的な表現、あるいは専門的な言い回しである。必要なのは、これらの勉強だ。

自分が話す場合にもこうした専門用語を使わなければならないし、相手がこうした用語を使ったときにも、それを理解しなければならない。

専門的な表現は、英語を母国語とする人でも、必ずしも知っているわけではない。それは、日本語の場合を考えても明らかだろう。しかし仕事の上で英語を使うということになれば、これらはどうしても必要になる。

ところが、英会話学校やテレビ、ラジオの英会話番組でいくら日常会話を勉強しても、専門用語を学ぶことはできない。なぜなら、英会話学校では、さまざまな専門分野の知識を有する教師を揃えることはできないからだ。外国語の教師は、一般的・日常的表現については過度なほどに網羅的である半面で、専門用語は教えてくれない。しかし、仕事のための外国語では、その分野の専門用語が不可欠なのだ。

「ご機嫌いかが？」といった会話だけでは、専門家同士がコミュニケーションを行ない、仕事を進めてゆくことは到底できない。最初の挨拶はいいとしても、その後は、その分野での「税語」が必要になる。だから、英会話学校にいくら通ったところで、英語で仕事ができるようにはならない。

なお、最近では、オンラインの英会話レッスンも利用できるようになった。この場合には、あなたと同じ専門分野の専門家を教師として選ぶ必要がある。そうでなければ、英会話学校に通うのと同じことになる。単に「英語が話せる」というだけの教師であれば、最悪だ。

英語教材が仕事に役立たない

テレビやラジオの英会話番組で勉強しても、あるいは英会話学校に行っても、専門用語を勉強することはできない。したがって、ビジネスパーソンが仕事で使える英語を勉強するには、自分で勉強するしかない。

これは、英会話学校に限らない。「ビジネス英語」という類の本をよく見かけるが、ここにあるのは、「ビジネスに関連のあるシチュエーションで話されている英語」という程度のものであって、実際のビジネスで使えるレベルのものとはほど遠い。

一般的な英語の参考書が仕事上のコミュニケーションで実用にならないのは、このためだ。「ビジネス英語」と限定してさえ、一般的すぎて駄目なのだ。英語学校に通って正確な発音とアクセントをマスターしても、それだけでは仕事にまったく役立たない。

4　専門家がその分野の英語を教えるべきだ

専門用語は分野で違う

どのような専門用語が重要かは、分野によって違う。その分野の専門家でないと教えられない。専門用語に関する限り、一般的な英語の先生は役に立たない。

一般的な英語の先生は、挨拶の英語や英文学を教えることはできるが、ある分野でどういう専門用語が使われるかは、教えられない。だから、専門用語の英語は、英語の先生ではなく、その分野の先生に習わないと、駄目だ。

専門用語は、個々の単語だけではない。どのように表現するかも重要だ。これらも、やはりその分野で英語を使って仕事をしている人でなければ教えられない。つまり、英語のユーザーが英語を教える必要がある。

以上のようなことは、専門教育を英語で受けていれば、自然に身につく。しかし、日本では高等教育の最終段階まで日本語が用いられているので、そうならない。

このような状況は、中国やロシアでも同じだった。しばらく前に中国の大学を訪れて図書館を見学したとき、すべての蔵書が中国語であるのを見て、奇異な感じを持った。しかし、外国人が日本の図書館を見れば、同じ印象を持つだろう。

日本、中国、ロシアの３ヶ国は、人口が多いために、専門分野の教科書を（英語以外の）自国語で出版できる。これは、世界全体から見れば、例外的なのである。外国語である英語を習得しなくとも専門知識が得られる点では恵まれているが、世界標準からは、外れてしまったのだ。

日本では英文学者が英語を教えている

以上で述べたことは、英会話学校やテレビ、ラジオ番組に限った問題ではない。大学の教養課程での英語の授業が、同じ問題に陥っている。その原因は、大学の教養課程の英語の先生が英文学の専門家であることだ。

彼らは、英語を道具として使っているユーザーではない。彼らは、英語の専門家だ。したがって、彼らが教えられるのは、特定の専門分野の英語ではなく、英語一般、あるいは英文学ということになる。

大学の教養課程になれば、他の科目は専門分野ごとになる。例えば、将来、法律の専門的な仕事をする学部と、経済の専門的な仕事をする学部、エンジニアリング、サイエンスなどの分野に分かれる。これらではそれぞれ違う英語が必要になる。それにもかかわらず、大学の教養課程で英語を教えているのは、英文学科を卒業した人たちであり、英文学を教えている人たちだ。

文学書を教科書にして英語を勉強しても、専門分野で英語を使うためには、ほとんど役立たない。数学を将来専攻することになる学生が、数式を英語でどう表現していいのか分からない。あるいは英語で数式の話が出たときに、それが何を意味しているか分からない、ということになってしまう。

例えば、「eのx乗」がよく数式の中に出てくるが、これを英語でなんと言うのか？　これは、「e to the x」と言うのだが、そういう読み方を英語の授業で教えてもらえない。これは、日本の英語教育の非常に大きな欠陥だと思う。

また、数式で「A′」という表現が出てくる。これを日本人は「エイ・ダッシュ」と言う。しかし、これはダッシュではない。ダッシュは横棒だ。肩につくのは、「prime」と言う。だから、「A′」は「エー・プライム」と読む。

しかし、日本の英語の授業ではこれらを教えてくれない。だから、いくら「エイ・ダッシュ」と外国の人に言っても通じない。数式の英語が分からない、エンジニアリングの英語が分からない、経済政策の英語表現が分からない、という事態になってしまう。

繰り返すが、われわれが仕事の上で英語を使うためには、挨拶英語だけでは不十分であって、その分野の特殊な用語、特殊な表現を覚えなければならないのだ。

大学の教養課程の英語の時間になぜ英文学の先生が出てきてしまうのか。これこそが大問題だ。大学内部の複雑な事情があって、簡単には変えられないことだけは間違いない。

分野固有の専門用語や独特の表現を学ぶには、その分野の専門書を教科書として独学するか、専門分野で英語を日常的に使っている人を教師とする他はない。

学校の教育現場には、現に教師がいるのだから、教育システムを抜本的に変えるのは、きわめて難しい。しかし、こうした改革を行なわなければ、日本人の英語力は、いつになっても改善しないだろう。

つまり、日本人の多くは、仕事の上で必要な英語を勉強する機会がなかったということになる。日本人のビジネスパーソンが実際の仕事で英語を使えない、かなり大きな理由が、ここにある。

英語ユーザーの視点

私は、工学部を卒業したあと、独学で経済学を勉強した。当然のことながら、すべて日本語で勉強した。その後、アメリカの経済学部大学院に留学してクラスに出たとき、経済学者の名前すら日本の教科書にカタカナ表記で出ていたのと全然違う発音なので、驚いた。

私自身は英語そのものの専門家ではない。しかし、実際の仕事の中で英語を道具として使ってきた。外国の研究者と一緒に共同研究をしたり、研究会を開いたり、英語のメールでやりとりをしたりする。あるいは研究会やコンファレンスで英語の論文を発表し、それについて討論する。そうした機会がたくさんあった。つまり、私は英語のユーザーだ。

英語を仕事に使うという観点からすると、必要なのは、英語の専門家ではなくて、英語のユーザーの視点だと思う。その視点から、どういう勉強法が効率的か？　ということを考えたい。

5　どうすれば勉強を継続できるか？

勉強は敵か味方か？「敵味方理論」

外国語に限らず、勉強一般について言えることだが、継続が必要である。外国語については、とくに継続が必要だ。少しの時間でもいいから、勉強を続けよう。

「どうすれば勉強を継続できるか」は、勉強法で最も重要なことだ。小手先の方法論でなく、継続するための方法論こそ、最も重要なノウハウである。

ところが、この最も重要なことを学校では教えてくれない。不思議なことだ。そして、お手軽勉強法が流行《はや》っている。すでに述べたように、これで身につくはずがない。英語の勉強では、とくにそうだ。

これについて重要なのは、「英語は味方だ」と考えることだ。これは、「敵味方理論」と呼んで、私が長年信奉している考えだ。仕事の進め方について、重要な意味を持つ「理論」だと思う。

人間は、新しいものに対しては本能的に警戒心を持つ。そして「敵」だと考えて身構える（人間だけでなく、動物が一般的にそうだ）。警戒心を持ち、「敵」だと考えると、それに対して反感を持ち、自分から進んで近づくことはない。したがって、ますます離れていくことになる。

逆に、何かのきっかけで、それが自分にとって利益をもたらしてくれるということが分かると、それを活用し、仕事の能率が上がり、さらに使っていく、という好循環が起きる。つまり、力強い味方になるわけだ。

考え方を「敵」から「味方」に転換しただけで、このような大きな変化が起きるのだ。英語は可能性を開いてくれるという意味で、強力な味方である。そうした体験を一度でもすれば、英語を勉強する態度が変わるだろう。

英語を憎むべき対象、闘うべき対象と考えていては、勉強は苦行になってしまう。そして、能率は落ちる。そのため試験の成績が落ちれば、ますます英語を嫌いになる。そうした悪循環に落ち込んではならない。

最終目標だけでなく中期目標を持とう

本章の１で「仕事で英語を使えるようになりたい」というモチベーションは重要であると述べた。だが、それではまだ抽象的だ。

それで勉強を開始することになっても、長期にわたって勉強を続けるための力にはなり難い。継続のためには、もっと具体的な中期目標が必要である。

それは、数年間（できれば２～３年間）で達成できるようなものがよい。

資格試験を、そのために利用することができる。英語であれば、ＴＯＥＩＣの試験で一定の点数をとることを目的にしてもよい。英語を実際に使う機会を作るのでもよい。例えば、外国出張をする機会があるといったことだ。

その上で、これをさらに段階に分けた勉強のスケジュールを作る。これが中期計画だ。計画が長続きしないのは、長期目標（プランニング）ばかり考えて、中期計画（プログラミング）がないからだ。

資格の取得は、最終的な目的ではない。資格そのものが役に立つかというと、疑問である場合もある。資格を取得したからといって必ずしも仕事が得られるわけではない。

むしろ、勉強を継続するための中間目標と考えるべきだ。「牛にひかれて善光寺参り」というが、資格試験は、この話における牛のようなものである。

最も強いモチベーションは好奇心

モチベーションは重要なものだが、それだけでは勉強は苦痛になってしまう。お手軽勉強法が流行るのは、「苦しい勉強をできるだけ早く済ませて、結果だけほしい」と考えるからだろう。

実は、勉強の最も強いモチベーションは、好奇心である。面白いから勉強するのだ。知識が増えれば好奇心は増す。

最も重要なのは、「面白いから続ける」ということだ。「辛いけど続ける」というのでは、勉強は続かない。興味を持って長い訓練を続けることが、英語の勉強においては大変重要なことだ。そして、外国語の勉強は、もともと面白いものなのである。

これについては、第9章で改めて述べることとしたい。

第4章　単語帳を捨て、丸暗記せよ

1　日本人の英語力はなぜ低い？

最大の原因は「分解法」

日本人の英語力はきわめて低い。アジア諸国の中でも、最低位に近い。

しかも、私の印象では、時代の経過とともに日本人の英語力は低下している。最近の学生を見ていると、それを痛感する。インターネットなど、英語学習に使える道具は長足の進歩を遂げているのに、日本人の英語力は、なぜ低いのだろう？

さまざまな理由が考えられるが、大きな理由は、学校での英語の教育法にある。私たちの時代の英語の授業は、「まず英語を読み、つぎにそれを日本語に翻訳し、さらに文法などについて説明する」という方式で進んだ。いまでもそのような方式が続けられているのではないだろうか？

これは、「英語の文章を単語に分解し、個々の単語を文法を用いて組み合わせ、翻訳することによって文章の意味を解釈する」という方法だ。

私はこの方法を「分解法」と呼んでいる。これが最大の原因である。こうした方法をとるために、英語を習得できないのだ。

単語帳を捨てよ

多くの日本人の学生は、単語帳を使っている。一つひとつの単語を抜き出して単語帳に書いて覚えようとしている。しかし、こうした方法で勉強しても、単語は覚えられない。単語帳で英単語を一所懸命に記憶しようとしている学生を見ていると、気の毒になる。まったく非効率的な勉強法だからだ。ましてや、「辞書を最初から一語一語覚えて、覚えたページを食べた」などという苦学物語を聞くと、信じられない思いだ（いまでは紙の辞書を使う人は少なくなったから、さすがにこうした人はいなくなっただろうが）。

彼らは、個々の単語を孤立し、独立したものとして覚えようとしている。これは大変な努力を必要とする勉強法だ。しかも、きわめて能率が悪い。個々の単語をバラバラに覚えようとしても、覚えられるものではない。

そのうえ、これは退屈きわまりない作業である。だから、「aから始めてabandonまできて投げ出したために、aで始まる単語だけやけに詳しい」などということが起こる。退屈なだけでなく、他の単語と混同してしまう危険もある。辞書のつぎに出ている言葉と取り違えたという、ウソのような話もある。

単語帳どころではない。単語をこじつけで覚えようという方法を提唱している本もある。kennelを「ケン（犬）がネル（寝る）ところ」と覚えるのはよいとして、caveを「警部が洞窟に入る」などと覚えようとするのは、ダジャレにはなっても、実用価値はまったくない。絶対にやってはならない方法だ。こんなことをやっていたら、いつになっても英語力は身につかない。

また、仮にこうした方法で単語の意味を覚えたとしても、実際に使えることにはならない。それは、英語→日本語という一方向の記憶だからである。caveを見て「洞窟」と訳すことは、できるかもしれない。しかし、洞窟の実物を見てcaveを思い出すことは、多分できないだろう。

単語帳やこじつけ法は、この点で根本的な欠陥を持っている。日本人の英語が実用にならない大きな理由は、この点にある。

まず単語帳を捨てる。これが英語勉強の第一歩だ。もし、どうしてもカードを使いたいのであれば、単語を書くのでなく、文章を書くことにしよう。

翻訳してはいけない

日本人は、英語を単語に分解するだけでなく、日本語に翻訳して理解しようとする。これでは、英語を使えるようになるはずがない。

講義を聞くにも会話をするにも、即座に理解し反応しなければならないから、和訳や英訳をやっていては、とても追いつけない。英語と日本語は異なる構造を持っているから、翻訳しようとしてもできない場合も多い。

実際の場で使うためには、英語は英語のままで直接に理解する必要がある。日本語とのつながりを一切断ち、「英語脳」で考えることが必要だ。

日本の英語教育は、教科書の英語を日本語に直すという方法が中心だったため、無意識に「翻訳しなければ」ということになるのだろう。

「英語と日本語を1対1に対応させることはできない」という事実は、外国語を習い始めたばかりの中学生には分からない。「英語と日本語は違う」と教えるのは、中学校の英語教師が果たすべき大きな責任だ。

日本語は、文章を個々の単語に分けられる。しかし、英語はこれとは違う構造の言語だ。口頭の場合に、とくにこの違いが明確になる。英語のネイティブスピーカーは、一つひとつの単語ごとに発音しているわけではないから、単語に分解して聞こうとしても、聞けない。ネイティブスピーカーの英語は速すぎるから聞けないという人がいる。分解しようとするから、速いと感じるのだ。

2　私が「丸暗記法」を始めたきっかけ

暗記が苦手な人こそ丸暗記をすべきだ

　では、どうすればよいのか？

　私は、それに対してきわめて明快な答えを持っている。それは、ある程度まとまった文章を丸暗記することだ。

　20回程度を目安として、繰り返し声に出して読むだけでよい。ごく簡単だ。簡単であるにもかかわらず、その効果は絶大だ。

　文章を丸暗記していれば、個々の単語の意味を苦労して覚えなくても、文脈に位置づけて、自然に覚えられる。前置詞の使い方なども、自然に習得できる。

「長い文章を全部覚える」という方法は、よく知っている言葉も含めて暗記するのだから（というより、ほとんど知っている単語で構成される文章を暗記するのだから）、一見したところ、効率が悪い。

　しかし、実は最も効率的な記憶法なのだ。人間の記憶は、関連のない単語を孤立して覚えられるようにはできていない。意味のある、一定の長さの文章を覚えるようにできているのだ。

丸暗記というと、言葉のイメージがよくないため、「自由な発想を殺す」とか「非人間的だ」と考える人が少なくない。あるいは、「記憶力のよい人向けの方法だ」と言う人もいる。しかし、こうした考えは間違いだ。

ひとまとまりの文章、つまり、意味がつながった文章群を覚えるのは、個々の単語を覚えるよりもはるかに楽だ。しかも、一旦覚えれば忘れない。丸暗記こそ、暗記が苦手な人のための方法なのである。

スピーチでの発見

私がこの方法を始めたきっかけは、中学生のときに、学校の代表として英語のスピーチコンテストに出たことだった。草稿を最初から最後まで丸暗記しなければならなかった。

その過程で、つぎのことを発見した。

①部分部分ではなく、全文を連続して覚えるほうが容易。
②ある箇所を思い出せば、あとは自動的に思い出せる。
③単語を一つずつ無理して覚えなくとも、文章を暗記すれば自動的に覚えられる。

高校生になってからは、意識的にこの方法で勉強した。あるとき、このような方法を行なっている者が他にもいないかと思い、友人に聞いてみた。クラスで一人、やはり意識してこの方法を実行している者がいた。

彼の英語の成績は、非常によかった。そこで、これはひとりよがりの方法ではないと確信したのである。

最初は教科書を丸暗記した。他の教科の勉強をして疲れたら、息抜きのつもりで、英語の教科書を取り出して音読する。ただ読んでいるだけだから、精神的な緊張は必要ない。いつの間にか暗記できる。

いったん教科書を全部覚えてしまうと、個々の単語の意味は、文脈によって分かる。その箇所を思い出せなければ、別の箇所から始め、そこから思い出していく。だから、苦労せずに目的の箇所を思い出せる。

記憶は「引き出し方」が重要

いまにして思えば、この方法は、人間の記憶メカニズムから見て合理的な方法である。

人間はきわめて多くのことを記憶できる。問題は、それらの大部分が検索できなくなることにある。つまり、蓄えてはいるけれども、引き出せなくなるのだ。

したがって、重要なのは、対象にいたる道筋をつけることだ。まとまった文章なら、いったんきっかけが見つかると、それを手がかりに、いもづる式に記憶が出てくる。ひとまとまりの文章を全部覚えていれば、どこかの部分を思い出すことで、あとは努力しなくても自動的に引き出せるのである。

孤立した単語を一つずつ覚えようとしても、覚えるのは難しいが、ストーリーがある文章であれば、何度も繰り返し読んだり聞いたりすれば、覚えることができる。丸暗記法は、このようなメカニズムを用いて、単語を文章の中に位置づけて覚えようとする。

試験の直前などで時間がないときでも、できるだけ文章の中に位置づけて覚えるべきだ。最低限、二つ以上の単語を組みあわせて覚える必要がある。

何度読めばよいかは個人差があるが、普通は20回程度読めば覚えられるだろう。20回繰り返し読むのは、独学でやるしかない。つまり、ここでも外国語は独学でしか習得できない。

20回読まなくとも、1回だけで覚えてしまうこともあるが、覚えようとしてもどうしても覚えられない「鬼門の言葉」というものもある。私は、resilientという言葉をどうしても覚えられなかった（「柔軟な」とか「弾力性のある」という意味）。ところが、「ホーム・アローン」という映画の中で、主人公の男の子がChildren are resilient.（子供は何にでも対応できる)と言っているのを聞いて、一度で覚えてしまった。

そして、決して忘れない。思い出そうとする場合、記憶の中で「弾力性」という日本語の周辺を探しているのではなく、childrenという言葉の周辺を探しているのである。

繰り返そう。孤立した単語や、短い文章を覚えるのは、難しい。一見して無駄に思われるが、ストーリーがある文章を丸暗記するのが、最も簡単だ。

多くの人が丸暗記で勉強した

丸暗記法で外国語を習得した人は、昔から大勢いる。

外国語学習の天才でもあったシュリーマンは、英語の勉強のためにゴールドスミスの『ウェイクフィールドの牧師』、スコットの『アイヴァンホー』をすべて暗記し、フランス語の勉強のために『テレマコスの冒険』と『ポールとヴィルジニー』を暗記した(ヨハン・ルートヴィヒ・ハインリヒ・ユリウス・シュリーマンは、ドイツの実業家であり、素人考古学者。ギリシャ神話に登場するトロイアを発掘した)。

彼は、「学校でとられている方法はまったく誤っている」という。「ギリシア語文法の基礎的知識はただ実地によってのみ、すなわち古典散文を注意して読むこと、そのうちから範例を暗記することによってのみ、わがものとすることができる」。だから、「貴重な時間の一瞬も、文法上の規則の勉強のためについやさなかった」。

「私はそれが文法書に記入してあるか、否かは知らないにしても、どのような文法の規則も知っている。そしてだれかが私のギリシア語の文章の誤りを発見するとしても、私はいつでもその表現方法が正確である証拠を、私が使った言いまわしの出所を古典作家から人に暗誦してみせることによって、しめすことができる」という彼の言明ほど、丸暗記法の真髄を明らかにしたものはない（引用は、シュリーマン『古代への情熱』関楠生訳、岩波文庫、1954年による）。

20世紀最高の数学者と言われるフォン・ノイマンは、ディケンズの『二都物語』を何ページも、そして『エンサイクロペディア・ブリタニカ』のいくつかの項目を、一語一句違えずにそらんじることができた。

興味のあるものを暗記しよう

丸暗記法に賛同されたら、すぐに始めるとよい。あなたが学生であれば、手始めは教科書である。英語の勉強が実に楽であることが、すぐに分かるだろう。そして試験の成績は、顕著に良くなる。

仕事に就いている人であれば、自分の専門分野に関連した文章やニュース記事がよいだろう。メールを書く機会の多い人は、相手のメールを丸暗記すればよい。専門用語や専門的な表現については、専門分野の教科書や論文を覚えよう。

ただし、教科書は面白くない。そこで、私は、あるときから、詩や文学作品を暗記することにした。この頃は、英語を仕事で使うということは考えておらず、したがって「専門用語が重要」という意識もなかったので、自分が興味を持つ対象を覚えようとしたのだ。ここで覚えた文章は、（パーティーでの会話を除けば）その後仕事で使うことはなかったが、貴重な財産になっている。

中学生と高校生の頃に『ロミオとジュリエット』のバルコニーの場、『ハムレット』の独白やオフィーリアの歌、『ジュリアス・シーザー』のマーク・アントニーの演説などを覚えた。

いまだに1語も欠落せずに覚えている。丸暗記した教科書の内容は忘れてしまったが、シェイクスピアはその後何度も繰り返しているので、忘れない。丸暗記するには、内容が自分にとって魅力的であることが重要だ。

そして、政治家の名演説を丸暗記しようとした。ところが、私が高校生のときには、音源を見つけるのが大変難しかった。「はじめに」で述べたように、その当時発明された「ソノシート」でケネディの就任演説を手に入れたときは、宝物を見つけたような気分になった。

3　「分解法」vs.「丸暗記法」

分解法と丸暗記法の違い

以上で述べた方法は、学校の英語教育の方法とは、かなり違う。

そこで、もう一度、これら二つの勉強法を比較対照してみたい。学校の授業を思い出してみよう。それは、つぎのようになされたはずだ。

例えば、This is a book. という文章があるとしよう。

まず、この文章を四つの単語に分解する。「This = これ」「is = である」「a = 一つの」「book = 本」と1対1に対応づける。そして、個々の単語の意味を覚える。

つぎに、英語では、主語（S）、述語（V）、補語（C）の順に並ぶという「文法の規則」を習う。さらに、疑問形では、be動詞の場合にはVSCの順になることなどを習う。

応用は、book を pen に変えればよい、などと習う。さらに、他の文型を習う。そして、分詞構文、復文節、仮定法など、もっと複雑な構文を習う。これが「分解法」だ。

本書が提唱する丸暗記法は、これとは本質的に異なる。This is a book.をひとかたまりのメッセージとして、そのまま受け入れるのである。日本語に置き換えることは一切しない。その代わりに、人が本を指さしている姿を想像することにする。

つまり、英語のメッセージに対応させるのは、行為のイメージ（あるいは、概念、主張、感情など）である。また、文章を孤立的に覚えるのではなく、長い文脈の中で位置づける。そのほうが覚えやすいし、思い出しやすい。

分解法の問題点①——単語は1対1対応しない

分解法は、あくまでも日本語から離れず、それと英語を対応させようとしている。しかし、英語と日本語は別の体系を持っている。このため、1対1対応が成立しない。

とくに、単語のレベルにおいて、そうである。英単語が日本語の単語に1対1に対応するわけではない。

例えば、makeには、「作る」という以外に、いろいろの意味がある。「引き起こす」という意味もあるし、「行なう」という意味もある。また、目的補語を伴って「……にする」という意味になるし、toのない不定詞を伴って「……させる」という意味にもなる。

逆に、「作る」に対応する英語は、create, originate, form, produce, manufacture, fabricate, build, construct, compose など、いろいろある。

「make = 作る」というのは、これら多様な対応関係の中のごく一部に過ぎない。だから、「make = 作る」と覚えている限り、英語を使うことはできない。

微妙に意味が違う用語から適切なものを選択するのも、難しい。決して機械的にはできない。論理的、分析的に判断できないこともある。多くの場合、多数の用例から帰納的に導くしかない（この点は、日本語でも同じだ）。

分解法の問題点② ―― 発音やリズムを把握できない

日本人は、英語を聞くのが苦手だ。その原因は、英語のリズムを把握していないからである。

そうなる原因は、分解法にある。分解法では、すべての単語を同じような比重で把握し、すべての単語を同じ強さで発音し、平板に読む。

しかし、実際の英語は、そうではない。強調したい部分を強く発音する。そうでない部分は、弱く発音し、多くの場合にいくつかの単語をまとめて発音する。これが英語のリズムである。

これが分からないと、いくらゆっくり話されても聞き取れない。例えば、There are

some books on the table.という場合、強くはっきりと発音するのは、some, books, tableいずれかのうち、強調したいものだけである。

There areは、せいぜい「ザラ」としか聞こえない。普通は、何を言っているか分からない。「ゼア・アー」と発音されたら、馬鹿にされたような気分になる。この点で、英語と日本語はかなり違う。

分解法の問題点③——退屈で面白くない

分解法のもう一つの問題点は、面白くないことだ。無味乾燥で、少しも興味が湧かない。単語の暗記が退屈なことは、すでに述べた。文法もつまらないし、そのうえ覚えにくい。言葉を覚えるなら、内容に興味を引かれるもののほうがずっと楽しい。言葉の響きに生理的な快感を覚えるときもある。

私は、高校生のとき、第2外国語としてドイツ語を勉強していた。それは、何とかしてヘッセを原文で読みたいと思ったからである。

学び始めてからは、その音楽的な響きに魅せられた。副読本で読んだ短編小説『詩人』(*Der Dichter*)は、いまでもほぼ全文を暗唱できる。東大大学院の学生だったドイツ語の先生が、レコードでヘッセ本人の朗読を聞かせてくれた。sが清音となる南ドイツ特有の発音を、ゾクゾクする思いで聞いた。

外国語の学習というのは、このように素晴らしいものだと思う。それをなぜ、分解法でつまらなくしてしまうのだろう。

ドイツ語の名詞の性別は、文章でしか覚えられない

ドイツ語の名詞には、男性、女性、中性がある(ヨーロッパの言語の多くで、同様の区別がある)。

この区別を覚えるのは大変だ。単語ごとに覚えようとしても、まず不可能だろう。しかし、文章を覚えていれば、自然に覚えられる。

例えば、ゲーテの『ファウスト』の中で、ファウストがマルガレーテに最初に出会う有名な場面がある。ここで、ファウストはMein schönes Fräulein.と呼びかけている。

この文章を覚えていれば、形容詞の語尾がesになっているので、Fräuleinは中性だということが分かる(「お嬢さん」は女性であるにもかかわらず)。この場合はleinという接尾語があり、「この接尾語がある名詞は、普通は中性になる」という規則を知っていれば分かるが、この規則には例外もある。

多くの名詞は、理屈なしに覚えない限り、分からない。文章ごと覚えるしか方法はない

だろう。

分解法が役立つ場合もある

誤解のないように、注記しておこう。私は、分解法がまったく役に立たないと言っているのではない。

あるいは、文法を勉強しなくてよいと言っているのでもない。文法は、ある程度英語を勉強したあとなら、系統的に理解し整理するために、非常に有効だ。

単語の意味も、分解することでより詳細に分かるときがある。例えば、preposterous（馬鹿げた）という単語は、pre（前）＋post（後ろ）＋ous（形容詞を作るための接尾辞、「……が豊かにある」の意）と分解すれば、「前にあるものがうしろに来てしまう＝馬鹿馬鹿しい」と分かる。

英語には、ラテン語やギリシャ語から来ている接頭辞、接尾辞が多いので、難しい単語の多くは、分解すれば意味がよく分かる。

さらに、発音が規則的に分かるときもある。とくに、「母音＋子音＋eと続く場合、母音はアルファベットの発音通りになる」というルールは、非常に規則的だから、覚えておくと便利だ。例えば、rate, gene, kite, note, tune のように。

図表4–1　分解法と丸暗記法

	分解法	丸暗記法
方法	個々の文章を単語に分解し、文法を用いて翻訳する。	つながった文章を丸暗記する。
短所	単語を覚えられない、 聞き取れるようにならない。 実際に使えるようにならない。	勉強に時間がかかる。
長所	単語の意味や発音が分析的に分かる場合もある。	単語や文法を自然に覚えられる。

このように、分析的なアプローチでさまざまなことが分かる。

実際、外国語を学ぶプロセスは自国語を学ぶそれとは本質的に違うのだから、文法のルールは最大限に活用すべきだ。とりわけ、英語はかなり論理的だから、ある程度勉強したあとなら、構文を解析して読むのは、効率的だ。

それだけではない。英語に慣れてからルールを勉強すれば、「発見の喜び」もある。それまでバラバラに覚えていたことが統一的な法則で説明されると、快感を覚える。

私が主張したいのは、分解法「だけ」では駄目だということである。外国語を勉強することを、日本では、語「学」という。外国語を学ぶのは、学問であり、難しいものだという先入観がある。それを取り払うことが必要だ。

図表4－1は、以上で述べた分解法と丸暗記法の比較をまとめたものである。

4 「丸暗記法」は試験にも役立つ

丸暗記法はルール違反か？

本書が対象としている読者は社会人の方々だが、「はじめに」でも述べたように、本書が提案している勉強法は、受験生にとっても有効だ。そこで、本章の最後に、丸暗記法と受験の関係について触れておこう。

学校での英語は、教科書を全部丸暗記するだけでよい。それを他の学科の勉強の合間に、息抜きでやればよいのだ。

丸暗記法で勉強していると、試験は簡単だ。例えば、文章中で前置詞だけが隠されていて、「ここに入るべき前置詞は何か？」といった問題がよくあるのだが、こうした問題は、完璧にできる。とにかく、全文を暗記しているのだから、強いものだ。ルール違反をしているような後ろめたさを覚えるときすらあった。

ただし、丸暗記には、問題点が二つある。第1は、つぎに述べるように、時間がかかることである。だから「一夜漬け」は不可能だ。

第2の問題は、教師が不要になることである。教科書を何度も音読するだけだから、一人でできる。この方法が広がると、英語学習塾の講師はおろか、学校の英語教師も失業してしまうだろう。

英語の学習参考書も売れなくなる。だから、教師たちは、この方法の有効性を内心で認めたとしても、大々的には宣伝しないはずである。この方法が広まらない最大の理由は、ここにあるのかもしれない。

誰にでもできるが、時間がかかる

丸暗記法は時間がかかる。付け焼刃ではできない。

「明日が試験」という場合の一夜漬けには、多分使えないだろう。1ページを読むには、1分強必要だろう。教科書全体で１５０ページあれば、4時間くらいかかる。20回読むには80時間必要だ。仮に毎日1時間を（休みなく）この練習にあてるとしても、3ヶ月はかかる（逆に言うと、この勉強法を日常的に行なえば、1日15分くらいずつをあてれば十分ということになる）。

大学受験の場合だと、この方法を高校3年生になってから始めたのでは、遅いかもしれない。もっと早くから始めていることが望ましい。

なぜ時間がかかるかと言えば、必要最低限のものだけでなく、すでに知っていることも暗記の対象とするからだ。すでに述べたように、記憶を確実にするためには、覚える対象を長くしたほうがよいからである。

それに、言葉の学習に時間がかかるのは、止むをえない。簡単な方法はない。ないものを探しても、無駄である。重要なことは、時間がかかってもよいから、確実に効果があがる方法を見いだすことなのだ（単語帳で覚えるのは、時間がかかって効果もあがらない方法である）。

ここでも、生まれつきの能力が関係しないわけではない。物覚えのよい人なら、短時間のうちに勉強をすますことができるだろう。しかし、重要なのは、勉強時間を増やせば、この差を克服できることだ。「丸暗記法」は、誰にでもできる英語の勉強法である。

入学試験も丸暗記法でよい

これまで述べてきたように、丸暗記法で勉強すると、教科書を対象とした期末試験では非常によい点がとれる。また、英語をコミュニケーションの手段として実際に使う際にも役立つ。これは、多くの人が納得するだろう。

では、大学入試は大丈夫か？　教科書がそのまま出題されるわけではない。だから、「教科書を丸暗記するだけでは不十分ではないか」と不安を持つ受験生がいるかもしれない。

私は、これに対して、「大丈夫だ」と答えたい。まず、大学入試で必要な単語は5000語程度と言われている。教科書をすべて覚えていれば、これらをカバーできる。熟語や構文についても、教科書にないようなものは、まず出題されない。もちろん、教科書にない単語や熟語が出ることは、皆無とは言えない。しかし、それは例外である。

第2章で述べた「8割原則」で言えば、8割の単語について、意味や用法をしっかりと習得することが重要だ。それによって、試験の成績は、8割どころか、99%は確保できると考えてよい。

出題者は、教科書の範囲を逸脱した問題を出すと批判されるので、慎重になっている。代表的な国立大学はこのような批判にさらされやすいので、「範囲を逸脱した」という意味での難しすぎる問題は、絶対と言ってよいほど出さない。あまり一般的でない単語は、意味が注記してあることが多い。

試験が難しいのは、文章が長くて読むのに時間がかかるためか、あるいは、構文が複雑で意味を取りにくいためだ。では、文法の知識は必要だろうか？「分詞構文」や「不定詞」といった文法用語を知らないと解けない問題があるか？

少なくとも主要大学については、そうしたものもない。内容が文法的に正しければ大丈夫である。だから、高校3年間の教科書をすべて丸暗記すればよい。サイドリーダー（副読本)を用いている場合には、これも暗記する。教科書より内容が豊かな場合が多い。できれば、興味がある本を自分で探して読もう。

なお、受験勉強のためには、「知的水準の高い」文章を読むのがよい。これは、第2章で述べたように受験の英語はバイアスがかかっているからである。もし時間に余裕がなくて急ぐ場合には、短い文例集でもよいだろう。多少無味乾燥なのは、止むを得まい。

なお、日本の私立大学では、英語の成績が非常によければ、それだけで入学できるところがある。だから、ここで述べた方法で勉強すれば、受験競争を勝ち抜くのは、それほど難しいことではない。

第5章

聞ければ、自動的に話せる

1　集中すべきは「聞く練習」

「話す」練習は必要ない

英語に関して多くの日本人が陥っている誤りは、「英語を流ちょうに話せるようになりたい」と考えていることだ。

しかし、「正確に聞けること」のほうが遥かに重要なのである。「英語の勉強では聞くことに集中すべきだ」と強調したい。聞くことがなぜ重要か？

三つの理由がある。第1の理由は、「聞ければ話せる」、つまり「正確に聞けるようになれば、話すことはほぼ自動的にできる」ことだ。

相手が話すことを完全に理解できれば、そして、そうした練習をずっと続ければ、相手が話したことを真似するだけで話せる。「信じられない」という人が多いと思うが、事実である。

英語特有の表現は、日本語と仕組みが非常に異なる場合があるが、特定の場合にどういう風に表現したらよいかは、以前聞いた相手の表現をそのまま使えばよい。

対話をしている場合には、相手が言っていることをそのまま繰り返すだけで会話が成立することもある。だから、聞くことが完全にできるようになれば、話すのは自動的にできるようになる。

このため、話す訓練を特別に行なう必要はない。最も重要な訓練は、正しく聞けるようになることだ。

会社の役員などが外国人との会見を通訳付きで終えたあと、「相手が話していることは分かるのだが、こちらから言う場合の適切な表現に自信がなくて」などと言う。しかし、これは嘘《うそ》である。

相手が言うことを完全に理解できているなら、通訳なしで仕事ができているはずなのだ。この役員が言っているのは、「相手の言っていることの中で、聞き取れた単語も少しあった」ということに過ぎない。

「ゆっくり話せ」とは要求できない

聞く練習が重要である第2の理由は、つぎのことだ。

自分が「話す」場合には、話したいことだけを話せばよい。ゆっくり話すこともできる。あらかじめ準備することもできる。つまり、自分でコントロールできる。だから、話すのは、聞くことよりずっと簡単だ。

ところが、相手が話している場合には、聞き取れなくても、相手に「ゆっくりと分かりやすく話してください」と要求することは、普通はできない。話し手がいかに難解な言葉で、いかに速く話そうとも、正確に聞き取れなければならない。

また、多数の人が出席している会議や講義などの場合には、自分だけの都合で「ゆっくり話してください」とは要求できない。要するに、リスニングの場合には、相手をコントロールできないのである。

相手の語彙もコントロールできない。だから、「1000語だけで英語は話せる」といった類の実用書は、まったく実用にならない。なぜ、こんな単純なことが理解されないのかと、不思議でならない。

実際のビジネスシーンでは、聞くことに徹する場面が多い。ひたすら聞くのである。だから、最も重要な訓練は、正しく聞けるようになることだ。

質問できても、答えが分からない

第3の理由は、答えを理解できないと、質問しても意味がないということだ。

第1の理由として述べたのは、「聞ければ十分である」ということだ。したがって、英会話の勉強は、聞く練習をすればよいのであって、話す練習は特別必要ない。いま述べているのは、「聞くことが必要条件だ」ということだ。

旅行者用会話集には、いろいろな質問が書いてある。例えば、「駅に行くにはどうしたらよいか?」というような質問だ。しかし、仮にこの質問を英語でできたとしても、答えが理解できなければ、何の意味もない。

相手が答えを簡単に示してくれるとは限らない。答えは、非常に長い文章で、非常に速いスピードで返ってくるかも知れない。それを理解できなければ、質問を正しくできても意味がない。

実際の会話では、こうした事態が非常に多い。こちらが何か言うことができても、相手が何を言っているのか理解できない。それではまったく意味がないわけだ。

質問をあらかじめ用意してその通り話すのは、それほど難しいことではない。しかし、相手がどう話してくるかは、事前には予測できない。だから、聞き取れない。

実際の会話で難しいのは、話すことではなく、聞き取ることだ。相手が話す複雑な文章を理解することが大事である。

聞く練習には独学が最もよい

ところで、リスニング訓練は、完全な独学が可能である。

英会話学校に通ったり、個人教師についたりして勉強する必要はない。教材も自分で用意できる。市販の高価な教材を買う必要もない。というより、自分用の教材を作り、一人で勉強するほうがはるかに効率的だ。

「英会話学校や個人教師の指導が必要。高価な教材が必要」というのは、「供給者の論理」なのである。それに陥ってはならない。英会話学校は、ビジネスとしてなされていることを忘れてはならない。

話す訓練が必要な場合もある

ただし、講演や研究発表などで話す必要がある場合には、ある程度の訓練が必要だ。

本章の2で述べるように、私はアメリカ留学から帰ってきたあとで英語の勉強を始めたのだが、それは人前で英語を話す機会が増えたからだ。

講演会もあるし、共同研究での発表やディスカッションもある。国際会議もある。留学生のときは教室で受動的に聞いているだけでよかったが、会議のときは自分でかなり長い時間話す必要がある。

こうした場面で必要とされる英語能力は、会話で必要とされるものとは違う。一人で話す場合は、いくつもの文章を論理的につなげて全体を構成しなければならない。これは、会話の場合に簡単な文章を断片的に話すのとはまったく違う、難しい作業である。

会議の表現は、会議の中で学んだ。それまではセッションのチェアマンをできる日本人がいるので感心していたが、そのうち、自分でもできるようになった。

これらの場合においても、最も重要なのは、正しく聞くことである。チェアマンに要求される役割は会議の議論の流れを正確につかんでいることだが、そのためには、参加者の発言を正確に聞きとれなければならない。また講演の場合には、かならずQ＆Aがある。そこで重要なのは、質問を正しく理解することである。

2　発音ルールを知れば、聞けるようになる

文字で覚えたから聞き取れない

多くの日本人は、英語を耳で聞いて覚えたのではなく、教科書に印刷された文字を見て覚えた。このため、聞く場合にも、個々の単語のスペリングを頭に浮かべようとする。

そうすると、知っている単語であっても聞き取れない。ごちゃごちゃとまとまった感じになって、文章を個々の単語に分別できないため、何を言っているのか分からないのであ

る。

こう言うと、「やはり英語のリスニングは難しい」と感じられるかもしれない。しかし、実際の発音は無秩序にごちゃごちゃになっているわけではない。以下に説明する子音の「消失」と「変化」、そして、「連結」は重要なルールである。これらのルールに注意するだけで、リスニング能力は向上する（図表5-1参照）。

私は、日本人がこうした発音をすることは勧めないが、アメリカ人に「やめてくれ」とは言えないので、聞き取る訓練は必要だ。

漫画では、話している通りの表記がなされることが多い。私は『ピーナッツ』（スヌーピーや子供たちが登場する漫画）で、これらアメリカ口語の表現を覚えた。

辞書でもこうした表現を記載してくれるとありがたいのだが、きちんと記載されている辞書は、少ない。

語尾の「破裂音」は聞こえない

b、d、g、k、p、tなどの子音（これらは「破裂音」と言われる）が語尾に来る場合、サイレント（無音）になる。これを「消失」（elision）と言う。

Good morning.（グッモーニン）、I don't know.（アイドン・ノウ）、Don't mind.（ドンマイ）

などは、日本人でも多くの人が知っている。動詞の過去形や過去分詞は、edで終わる場合が多いが、これらの多くも聞こえない。

接続詞andは、弱いときに「アン」となる（強調されると「アーント」となる）。rock and roll（ロックンロウ）のような成句は、一つのまとまった単語のように発音される。

2語以上で連続して子音が消える場合には、スペリングから想像するのとまったく違う発音になってしまうため、慣れないと聞き取りにくい。例えば、get backは「ゲッ・バッ」、late last nightは「レイ・ラース・ナイ」である。

「暗いl（エル）」は聞こえない

「l」音には、lightのように明確に発音される「明るいエル」と、子音の前や語尾に現れる「暗いエル」がある。後者については、「聞こえない」と考えてしまうほうが簡単だ。

語尾の破裂音が聞こえないのは日本人にも分かりやすいが、「暗いエル」はそうでない。そして、英語を聞き取れない原因になることが多い。例えば、cool（コー）、apple（アポー）、local（ロコ）などだ。

bulbのように、語尾でなくても聞こえないことがある（バウブと聞こえる）。またbill / illなどは「ビュ」「イユ」のように聞こえる。dental（デントウ）のようにalで終わる語尾は

「タル」というよりは「トウ」に聞こえる。animalは、「アニモ」と聞こえる。

「t」が「r」に変化する

t（やd）が母音に挟まれる場合（とくに前の母音が強く、後ろの母音が弱い場合）、rに聞こえる。これは、「フラップ」（flap）と言われる現象である。

アメリカ英語ではごく普通の発音だが、日本人が英語を聞き取れないかなり大きな原因が、ここにある。とくに、一つの単語だけを孤立させて言われた場合にこれが発生すると、ほとんど聞き取れない。

battery（バレリ）、water（ワラ）のように単語でそうなる場合と、it is（イリーズ）のように二つの単語でそうなる場合がある。

この他にも、what a（ワラ）、at a（アラ）、gotta（ゴラ）、get out（ゲラウ）、kind of（カインラ）など非常に多い。I bought a house.は、「アイバラハウス」になるし、Look it up.は、「ルッキッラッ」になる。

なお、アメリカ口語でも必ずr音になるわけではなく、「ワッタ」（what a）、「バッタ」（but a）、「ゲッタウ」（get out）、「ゲットフ」（get off）となる場合もある。また、tがrでなく、dに聞こえるときもある。Italyは「イダリ」と聞こえる。

「t」が消えることもある

語の途中にあるtがサイレントになる場合がある。

とくにtの前にnがあるとそうなる。例えば、twenty oneは「トウェニー・ワン」だ。center（セナ）やplenty of（プレニー・オ）などとなると、聞き取れない場合が多い。internationalの場合、「インター」の「タ」が落ちる上に、最後の「暗いエル」が聞こえないので、「インナナショノ」となって、まったく別の単語のように聞こえる。sandwich（サンウィッチ）のように、d音が聞こえないこともある。

子音＋母音は連結する

語の間で子音＋母音になる場合には、連結して発音される。in order to（イノーダートゥ）などの場合は、とくに注意していなくとも、比較的分かりやすい。また、it's a（イツァ）のように、つぎにaが来る場合も分かりやすい。come on（カモン）は、よく知られている。

一つの単語だと聞こえない音が、つぎに母音が来た場合には生き返って、明確に聞こえる。フランス語のリエゾンと同じ現象だ。

実際の発音がスペリングに近くなるので、日本人にはむしろ聞き取りやすくなる変化と

図表5–1　発音ルールを知れば、聞き取れる

日本人が聞きにくい発音	例
b、d、g、k、p、tが語尾に来ると、消える。	get back (ゲッ・バッ)
子音の前や語尾の「l」が消える。	cool (コー)
「t」が「r」に聞こえる。	water (ワラ)
「t」が消える。	international (インナナショノ)
子音+母音が連結する。	come on (カモン)
動詞の短縮や人称代名詞との連結。	lend me (レンミ)

言えるだろう。

動詞の短縮や人称代名詞との連結

be動詞、have動詞、shall、will、should、wouldなどは、短縮形になる。否定の場合は、さらに短縮される。

また、人称代名詞があとに来る場合に、これに連結する。これは、「同化」(assimilation)という現象である。

Did you?(ディッジュ?)などの場合は分かりやすいが、lend me(レンミ)、tell him(テリム)などは、まごつく場合がある。実際の会話ではかなり頻繁に出てくるので、聞き取れることが必要だ。

なお、assimilationという現象は、not yet(ノッチェ)、this year(ジ・シャー)、six years(シック・シャーズ)のように、人称代名詞以外の場合にも発生することがある。

3語以上が連結する場合

3語以上が連結してしまう場合もある。

Not at all.（ナラロー）、Get out of here.（ゲッラウロ・ヒー）などがその例だ。

これらは、一つひとつ分解すれば、フラップ現象が続いた結果であることが分かる。ただし、よく使われる表現は、そうした分解をせずに、ひとまとまりで受け入れてしまうほうが簡単である。

a little bit（ア・リルルビッ）、Pick it up.（ピッキラ）、Come on in.（カモン・ニン）、Let me see.（レッミーシー）なども、そのまま覚えてしまうほうがよい。

won'tとwantを区別する

I wanna（アイワナ：I want to）、I'm gonna（アイムゴナ：I am going to）、I've gotta（アイヴガッタ：I have got to）などの表現も、非常によく使われる。

大統領の演説のような正式な場合にも、また、ゆっくり話している場合にもこうなるので、理屈抜きにそのまま覚えてしまうほうがよい。

また、短縮化された否定形は、聞き取りにくい。I will notはI won'tになるが、won'tは二重母音[ou]で、wantの短母音とは違うのだが、速く話されると違いが分からない。しかし、want toは口語ではwannaと言うことが多いので、「ウオン」と聞こえたらwantでなくwon'tであると考えたほうがよい。

3 いつ「聞く練習」をすればよいか？

通勤時間を利用する

「実用英語の勉強は聞くことに集中すべきだ」とこれまで述べてきた。では、具体的にどうしたらよいか？

私の提案は、英語を通勤電車の中で聞くことだ。

これは、私自身が行なった英語の勉強法だ。もう40年近く昔になるが、FEN＝Far East Network（いまは、AFN＝American Forces Network）のニュース番組を、テープに録音して電車の中で聞いた。あるいは車を運転しながら聞いた。

私がこの勉強をしたのは、アメリカ留学から帰ってきたあとのことだ。留学から帰ったあとに、なぜ英語の勉強が必要だったのかと思われるだろうが、会議や講演などで、大勢の人の前で英語を使うことが必要になり、そのために勉強をしたのである。

2年間勉強する

では、どのくらいの時間、勉強したらよいか？

外国語を支障なく使えるようになるための勉強時間は、4000時間程度だと言われている。学校で英語の勉強をしているから、それに加えてどのくらい勉強したらよいか？

学校でどのくらい勉強したかは人によって違うが、自習や復習時間を入れると、大体2000時間から3000時間程度だろう。すると、あと1000時間、ないし2000時間程度勉強する必要がある。通勤時間が片道1時間、往復2時間の場合、週5日と考えて、2年間くらい勉強すると、1000時間になる。

だから、学校で普通に英語の勉強をした人の場合、通勤電車の中で英語の勉強を2年間程度続ければ、ほぼ完全に英語を使えることになる。

2年間というのは、決して短い期間ではない。考えようによってはかなり長い期間だ。しかし、言葉の勉強には時間が必要だ。手軽にすぐ英語がうまくなるということはあり得ない。ある程度の時間をかけることは、どうしても必要だと言わざるを得ない。

また、通勤電車の英語の勉強は、これまで無駄に使っていた時間を活用することだ。英会話の学校に行くためには、これまでやっていた何かの時間を削らなければならない。しかし、通勤時間に英語の勉強をするなら、そういうことは必要ない。必要なのは、勉強を続ける意欲だけだ。

日本の通勤電車は非常に混んでいるから、できることはあまりない。しかし、聞くことならできる。立錐《りっすい》の余地がないほど混んで手も動かせない電車の中でも、できる。しかも、他にすることがないから、集中できる。本を読んでいると目が悪くなるが、音を聞いているなら、目を悪くすることはない（ただし、音が漏れて周囲の人の迷惑にならぬよう、注意しよう）。

通勤時間帯を英語の勉強の時間帯にすることで、これまでは苦痛であった時間帯を楽しい時間帯に変えることができる。

最近では、新型コロナウイルスの感染の拡大によって、在宅勤務が広がった。これによって、通勤時間を節約することができるようになった。節約された時間を無駄に過ごすのではなく、有効に使うことが必要だ。英語のリスニングに充てるのは、最も有効な使い方の一つだ。

音源はインターネットから簡単に取れる

この方法で勉強する場合に、音源をどこから取るかが問題になる。私が英語を聞く練習をしたときは、無料で使える英語の音源はラジオしかなかった。しかし、いまでは、インターネットが非常に多くの音源を無料で提供してくれる。

ラジオの場合だと、聞くまでは内容が分からないが、インターネットの場合には内容の概略が書いてあることが多く、あらかじめ分かる点も便利だ。

日本で発売されている英語の参考書や練習本にはＣＤがついているものが多い。しかし、いまやインターネットにアクセスしさえすれば、それと同様のものを（あるいは、それらより自分向きのものを）自由自在に手に入れられる時代になってしまったのだ。まったく驚くべき変化が現実に生じているのである。

内容が分かっているものをシャドーイングする

興味のあるものや専門に近い内容のものを、繰り返し聞く。何度も繰り返して聞くことが必要だ。最初のうちは非常に速くて内容がほとんど聞き取れないことがあると思うが、何度も繰り返して聞いているうちに、だんだん分かってくる。

「およそ何が話されているか」という外枠が分かると、中身の一つひとつを理解することは容易になる。人間の理解能力は、全体の構造が分かると、細部の構造をより容易に理解できるようになっているのだ。

だから、何について話しているのかまったく分からない状態で聞いて、実際に分からなかったとしても、決して諦めてはならない。繰り返し聞くうちに、次第に分かってくる。
例えば、「これは税制改革についての議論だ」と分かれば、そのつもりで聞くので、細かい中身が理解できる。そして、つぎに類似の内容を聞いたときは、初めてでも理解できるようになる。

そして、聞きながら、話していることを同時にそのまま追いかけて自分で繰り返す。これは「シャドーイング」と言って、同時通訳の人が訓練で使う方法だ。実際にしゃべっている速度は速いから、口に出して追いかけると難しい。だから、口に出さずに繰り返す(「サイレント・シャドーイング」と言う)。

ここで述べている訓練をするために、英会話学校に通う必要はない。英会話の学校に行くよりはるかに効果的で確実な勉強が可能だ。

では、「あらかじめ理解している内容」を「(場合によっては読みながら)聞く」には、どんな素材がよいだろうか? それを、以下に紹介しよう。

4　インターネットで英語を聞く

演説は聞く教材として適切

英語の音源としてインターネットで簡単に入手できるものとしては、まず政治家の演説がある。演説が教材として適している理由は、いくつかある。

第1は、リズムがはっきりしていることだ。英語を聞くためにはその「リズム」に慣れる必要があるのだが、演説はそれが非常にはっきりしている。このため、リズムの勉強をするには、最適の教材だ。

例えば、キング牧師の演説には、朴訥《ぼくとつ》だが反復を多用した独特のリズムがあった。その語り口に聴衆は感動した。また、温かみのある話し方で知られるクリントン大統領にも、聞き手を惹きつけるリズムがあった。

リズムはその人の「個性」であり、「正しいリズム」というものがあるわけではない。慣れないうちは、誰かのリズムを真似るのもよいだろう。

演説が教材として適している第2の理由は、それほど速度が速くないことだ(注)。もちろん、話者や場合によって違うが、大統領就任演説などは、テレビやラジオのニュースなどの速度よりはかなり遅いことが多い。

しかも、一語一語はっきり話している場合が多いので、聞き取りやすいだろう。「ニュース解説や大学講義などの英語のスピードが速くて聞き取れない」と感じる人は、演説から入るのがよい。

シャドーイングするのもそれほど難しくないだろう。演説のリズムとイントネーションをまねながら、一緒に朗読してみよう。20回程度繰り返せば、自然に覚えられるはずだ。演説を自分でやってみよう。ケネディの演説は最適の材料だ。就任演説、アメリカン大学での演説、キューバ・ミサイル危機の際の演説などは、とくに素晴らしい。

演説が教材として優れている第3の理由は、文章の格調が高いことだ。アメリカ大統領のスピーチは、大統領自身とスピーチ・ライターが練りに練って原稿を作成するため、英語のスピーチの中でも第一級品だ。例えば、ケネディ大統領の演説は、高名な歴史家であるアーサー・シュレジンジャーJr.が書いたと言われており、語彙が豊富な名文である。

シェイクスピアもよい材料だ。『ジュリアス・シーザー』でのアントニーの演説などを、あとで述べるＭＩＴ（マサチューセッツ工科大学）のライブラリで原典を見つけ、第9章で述べるGoogle翻訳で読み上げさせることができる。

（注）成人ネイティブスピーカーの平均値はだいたい２５０ｗｐｍ（words per minute：1分間の語数）から３５０ｗｐｍくらいの範囲と言われる。標準的な英語ニュースのスピードは、１６０ｗｐｍ程度だ。
ついでに言えば、速読法は、５００〜１０００ｗｐｍを目標にする。日本人のリーディングスピードは、１００ｗｐｍ程度と言われる。なお、タイプのプロの速さは、50ｗｐｍ程度である。

なぜニュース番組がよいか？

演説は実用英語の聞き取り訓練を始めるには適切な教材だ。しかし、いくつかの問題がある。

第1に、演説の話し方は、少し遅い。ＴＯＥＩＣの読み上げはこれよりは遅いので、ＴＯＥＩＣの聞き取りには十分と言えるだろう。しかし、仕事のためには、もう少し速い英語にも慣れておく必要がある。

第2に、演説だけでは、語彙が偏《かたよ》る危険がある。演説は確かに格調高いのだが、逆に言えば、仕事に必要な言葉はあまり出てこない。この点を補うには、ニュースを聞くのがよいだろう。

ニュースは広い範囲をカバーしているので、適当な内容のものを選べば、ある程度の専門的な語彙を学ぶこともできる（私がニュースを聞く練習をしていた１９８０年代は、アメリカでレーガン税制改革が行なわれた時代だったので、税関係の用語がかなりニュースに登場した)。

ニュースに登場する英語は正式な英語であり、スラングや俗語は登場しない。しかし、「仕事をするための道具」という観点からすれば、これで十分だ。

以上のような意味で、ニュース番組は、「中級者向け」の教材と言うことができる(ただし、以下に紹介するサイトの中で、VOA Special English は初級者向け)。

内容に興味を持って聞くためには、ひとまとまりがなるべく長いものがよい。ニュース番組は時事英語を勉強するのにはよいが、ニュースの一つひとつは短くて、ぶつ切れになっている。だから興味を持って聞くことが難しい。

そこで、ニュースそのものよりニュース解説を聞くのがよい。あるテーマについて深くつっこんだ話をしているので、興味を持って聞くことができる。

討論番組やインタビューもよいだろう。実際に英語を話す場合は、一人で一方的に話すというより、相手がいて、討論したり議論したりすることが多い。討論番組やインタビューを聞いていると、実際の討論や議論をどのようにやればよいかが分かる。

なお、英語のニュースやニュース解説を聞くことは、英語の勉強だけでなく、新しい見方を得るという意味でも、大変意味のあることだ。日本のテレビや新聞とは異なる視点で、違う問題を取り上げている。

だから、英語のニュースやニュース解説を聞いていると、日本の新聞やテレビで議論しているのとは違う観点から物事が見られるようになる。そうした発見も、楽しい経験だ。日本国内のニュースについては日本メディアの報道に頼らざるを得ないが、国際ニュースだとその必要もない。いまや、日本のメディアに国際ニュース欄は必要なくなったことになる。残っている障壁は「言葉の壁」だけだ。

ただし、それは逆に捉えれば、英語の勉強に最適ということでもある。海外勤務、外国出張の予定がある人、あるいはＴＯＥＩＣなどの英語試験を受けなければならないビジネスパーソンにとって、ニュースに接しながら英語の勉強をできる理想的な道具が、いまや簡単に使えるようになったわけだ。

アメリカのテレビ放送をインターネットで見る

強くお勧めしたいのは、インターネットでアメリカのテレビを見ることだ。ＶＯＡの段階はできるだけ早く卒業して、テレビ放送をインターネットで聞く(見る)のがよい。興味がある分野のものを、何度も繰り返し聞く。できれば、暗記するまで聞く。

「無料で良質の音源がいくらでも手に入る」というのは、インターネットがもたらした最大の利益の一つだ。われわれの世代には利用できなかった英語勉強の手段だ。

英語を勉強するための環境は、比較にならないほど改善した。10年前と比べてさえ改善している。これを利用しない手はない。インターネットにアクセスするだけで、簡単にできるので、いますぐ実行していただきたい。

インターネットなら、見たいニュースを直ちに選択できる。この点では、実際にテレビを見るより効率的だ。過去の番組も検索で見つけることができる。テレビ番組を見る効率性は、10年前に比べて著《いちじる》しく向上した(テレビの最大の欠点は、見たいニュースが放映されるまで待っていなければならないことである。見たいニュースがそもそもあるのかさえ分からない場合が多い)。

YouTubeは英語教材の宝庫

YouTubeには、英語の独学に使える動画がたくさんある。では、具体的に、どんな動画を選んだらよいか?

第1に、基本的な英語を学びたい場合には、イギリスの公共放送ＢＢＣが英語を母国語としない人たちのために作成したBBC 6 Minute Englishが便利だ。ＶＯＡも同じような番組を提供している。

第2に、ビジネスに役立つ英語を学びたい場合。自分が興味のある分野について検索すれば、適当なものを見出すことができるだろう。ただし、字幕がないものも多い。BBC 6 Minute English や Learn American English with VOA の中には、英語の字幕付きで、経済や技術などについてのテーマを扱っているものがいくつもある。

第3に、映画などの名場面や名演説を見たい場合。よい動画がたくさんある。しかし、字幕があるものが少ない。

なお、アメリカの大学の講義をYouTubeなどで聴講することもできる。アメリカの大学の講義がどのようなものかを知るだけでも意味がある。

最近では、ポッドキャストで英語の放送を聞くのも容易にできるようになってきた。こうした番組を聞くのもよいだろう。

このためのリンク集を作ったので、是非ご利用いただきたい。図表5-2のQRコードをスマートフォンで読み取ると、開くことができる。

現在話されていることがテキストのどこかを示しているので、英語を聞きなれない人にとっては便利だ。

4. 原典のテキスト

・電子図書館 Project Gutenberg

全文を無料で読めるものもある。検索ができる点では、印刷物より便利だ。自動翻訳にかけて音読させることも可能。

・The Complete Works of William Shakespeare

MITが作成した電子図書館。シェイクスピアの全作品がある。

5. 大学の講義

・MIT　OpenCourseWare

MITで開講された講義や教材を無料公開している。

・Stanford Online, Free Courses

スタンフォード大学が提供する無料のオンラインコース。

下のQRコードをスマートフォンで読み取ってください。
上記サイトへのリンク集があります。

https://note.com/yukionoguchi/n/nc4410cc34403
(2021年2月現在)

図表5–2　英語を聞く練習のためのリンク集

1. 演説 ・American Rhetoric Top 100 アメリカの政治家のスピーチが集められている。すべてのスピーチのトランスクリプト（書き起こし）が掲載されている。 ・Speeches of John, Robert and Edward Kennedy マサチューセッツ大学ボストン校のサイトで公開されているケネディの演説ライブラリ。 ケネディ演説の宝庫。トランスクリプトが付いているものも多い。 ・他の大統領の演説 NARA（National Archives and Records Administration）の中にある。
2. ニュース ・NBC Nightly News ・CNN 「video」のセクションを開くと、常時100個くらいのビデオニュースが用意されている。 ・PBS アメリカの公共放送。質の高い内容を放送している。 ・PBSNewsHour PBSのニュース番組。
3. 初級者のための英語学習 ・VOA Learning English VOA（Voice of America:アメリカ合衆国政府が運営する国営放送）が提供する初級者向け講座。アメリカ英語の勉強のために使う。ただし、このスピードは遅すぎる。これで聞けても、実用にはほど遠い。 ・BBC 6 Minute English BBCが提供する初級者向け講座。イギリス英語の勉強のために使う。

5　映画は英語の教材として適切か？

映画の英語は聞き取りにくい

映画は実用英語の勉強のために、適切な教材になるだろうか？

いまでは、ＤＶＤやブルーレイディスク、ウェブサイトで、映画が簡単に見られるようになった。そこで、これを英語のヒアリングの教材に使えばよいという意見が多い。映画を楽しみながら英語の勉強ができるというわけだ。

私は、映画を教材に用いることに対しては、長い間否定的だった。本書でも、ここまでそう述べてきた。最大の理由は、映画に出てくる英語は、正確とは限らないことだ。日常的な会話が多く、崩れた言葉やスラングが頻繁に出てくる。明瞭な発音でない場合もある。会話のスピードも非常に速いことが多い。

ビジネスパーソンや留学生が外国人として普通に必要とする英語は、第２章で述べたように、「正確な英語」である。図表２－１（49ページ）で言えば、「専門」と「正式」だ。典型的な例で言えば、テレビやラジオのニュースでアナウンサーが話す英語である。

このレベルの英語だけであらゆる場合に用が足りるわけではないのだが、ほとんどの場合に十分だ。そして、外国人がこれを越えるレベルの英語（図表2-1では「非正式」のレベル）を習得しようとすると、大変な努力が必要とされる。

つまり、映画の英語を聞き取れなくとも、外国人として英語を使うには、不自由しない。留学生時代、私はアメリカの映画館に入ると、周囲の観客よりはるかに理解力が劣っていると実感せざるを得なかったのだが、しかし、大学の教室で苦労することはまったくなかった。外国の学者と共同研究するにも、何の支障もない。

だから、映画の英語を聞いて、「とても聞き取れない」と落胆する必要はまったくない。逆に、映画に出てくるスラングが普通の英語だと思ってしまうと、仕事をする場合には、危険なことになってしまう。

他方で、専門用語は普通の映画には登場しない。映画の中で数式や経済政策の英語を使うという事態はあまりないからだ。そう考えると、映画で英語を勉強しても、あまり役に立たない。仮に映画の英語を最初から最後まで完全に理解することができたとしても、それが仕事に使えるかと言えば、そうはならないのである。

だから、仕事に用いる英語の勉強には、映画は適切な教材ではない。少なくとも、日本人向けの最初の英語教材としては、不適切だと思う。言い方を換えれば、映画は「上級者用」の教材である。

以上で述べたことは、「男はつらいよ」や落語で日本語の勉強をするのが適当かどうかを考えてみれば、納得できるだろう。それと類似のことが英語においても起こるのだ。歌なども同じである。スラングや文法的に誤っている文章が頻繁に登場するからだ。

楽しいことは何にも勝る

以上で述べたことは、いまでも正しいと思う。しかし、あるときから少し考えを変えた。理由は三つある。

第1は、私自身の個人的な事情だ。２００４年に客員教授としてスタンフォード大学に赴任したのだが、それをきっかけに、図表2-1の「非正式」のレベルの英語も聞けるようになりたいと考えて、訓練を始めた。この目的のためには、映画は適切な教材になる。

第2は、技術的な進歩だ。いまのＤＶＤなどでは、字幕を自由に選べるようになっている。字幕を消せば、聞くことに集中できる。また、映画で使われている言葉が英語の場合、字幕として英語を選択すれば、登場人物が話していることを、そのまま字で読める。つまり、トランスクリプト(台本)付きと同じになるわけだ。

第3の理由は楽しいことだ。映画の英語を聞く訓練をしていると、いくつかのことが分かった。まず、これまでは日本語の字幕に随分頼っていたことが、改めて分かった。つぎに、これまでは気づかなかったいくつかの新発見をした。字幕には翻訳されていない内容も随分多い。これまで理解していたのは、映画のごく一部に過ぎなかったのだと痛感した。ビデオテープでの映画鑑賞は、映画館に出かけることの代理品であり、簡便鑑賞法に過ぎなかった。しかし、ＤＶＤ以降はそうではない。映画はもともと楽しいものだが、音声を原語で聞けば、映画を見る楽しみが何倍にも増える。楽しみながら勉強できるなら、これに越したことはない。

それに、映画の英語にはスラングが多いといっても、すべての映画がそうであるわけではない。スラングがあまり登場しない映画もあるので、そうしたものを選べば、教材としても使えるわけだ。

その代表例は、「ローマの休日」である。この映画の主人公は王女様だから、当然のこととして、崩れた英語は出てこない。ほとんどが格調高い英語なので、聞きやすい。また、「オズの魔法使」も聞きやすい。これは、子供向けの映画なので、教育上の観点から正しい英語を使っているのだろう(子供向けではあるが、大人が見ても楽しい)。

ドラマでなく、ナレイションの入るドキュメンタリーもある。また、テレビドラマもＤＶＤ化されている。一般に、テレビドラマは、映画に比べるとずっとスラングが少ない。多分、標準的な英語を用いるように規制されているのだろう。映画に比べると内容の質が下がるのが問題だが、英語の勉強にはこちらのほうが適している。

原作もインターネットで探せる

映画と原作が一致している保証はないのだが、原作を英語で読めれば、興味はさらに増すだろう。原作の入手に関しても、インターネットは威力を発揮する。

その昔、日本で英語の原書を手に入れるのは、簡単ではなかった。書店に在庫がなければ、注文して最低3ヶ月は待たなければならなかった。それに、価格がベラボウに高かった。しかしいまでは、Amazon.comなどから簡単に注文ができる。

それだけでなく、著作権が切れている作品であれば、電子図書館で即座に無料で読むことができる。

電子図書館Project Gutenbergでは、全文を無料で読める。検索ができる点では、印刷物より便利だ。シェイクスピアなら、ＭＩＴが作成した電子図書館The Complete Works of William Shakespeareにシェイクスピアの全作品がある。

日本語の字幕を見てはいけない

ＤＶＤやブルーレイディスクであれば、ほとんどのものに字幕があるし、分からなければば繰り返して見ることもできる。映画は、ＤＶＤやブルーレイで見るほうがよいだろう。あるいは、動画配信サービスのNetflixでは英語以外にもさまざまな国の言語で字幕を表示させて見ることができる。

外国の映画を見るときに、注意すべき点が二つある。第1は、日本語に翻訳された字幕でなく、外国語の字幕で見ることだ。そうしないと、日本語で理解することになってしまって、外国語の勉強にはならない。

第4章で述べたように、外国語の勉強で陥りやすい誤りは、「日本語に翻訳して理解しようとする」ことである。そうではなく、外国語のままで理解しなければならない。いちいち日本語に翻訳していては、日常的なコミュニケーションのスピードについていくことはできない。日本人の多くが無意識のうちに、日本語に翻訳して理解しようとするのは、学校の英語教育がもたらした弊害だ。

注意すべき第2点は、つねに「聞き取ろう」と意識することだ。外国語の字幕を見ていてもよいが、聞くことを意識する。字幕を見ていれば、聞き取れない言葉が何であるかは分かるだろう。

「聞き取ろう」とする意識がない限り、何度聞いても外国語の勉強にはならない。しかし、聞き取ろうとして聞いていれば、聞くたびに聞く能力が無意識のうちに向上していく。

そして、長い時間のうちには、大きな変化が生じるはずだ。

6　社会的慣習の違いに注意

単位がわからない！

本章の1では、「聞ければ話せるようになる」と強調した。これはほとんどの場合に正しいのだが、若干の例外もある。つまり、「聞けても話せない」、あるいは「間違った話し方をしてしまう」ということがあり得る。

これは、社会的な文化・慣習や、ルールの違いに起因するものだ。このために、コミュニケーションに失敗する。

ジョークが伝わらなかったり理解できなかったりするのは、背景にある事情が違うからだ。ジョークに限らず、ある程度以上のレベルで意思疎通ができないのは、文化的・社会的なバックグラウンドの違いによる。

例えば、単位は実に難しい。アメリカに留学していたときのことだ。ケーブルを買おうと電気店に出かけたところ、店主に「何ヤード必要か」と言われて、まごついてしまった。

頭の中で必死に換算をしていたところ、彼が他の店員に言っているのが聞こえた。「He has language difficulties.」（この男は英語がしゃべれないみたいだよ）。

50年も前のことだが、いまでも、そのときの状況をよく覚えている（「メートル法が標準の世界で、ヤード・ポンドなどという単位体系に固執するお前達こそおかしいのだ」と言いたいのが山々だが、そうは言えないのが、つらいところだ）。

もう一つの思い出は、40年ほど前にアメリカで日本経済について講演したときのことだ。当時の日本の地価について話す必要があり、「平方フィートあたり××ドル」と言ったら、ゲラゲラ笑われた。「土地の面積はエーカーが単位だ」というのである（ちなみに、１エーカーは、約４０００平方メートルである）。

それに、彼らはもともと土地の面積に関心がない。オーストラリアを旅行していたとき、ある田舎町の不動産の広告を見て、それを納得した。土地面積の欄に、なんと、lots of acresと書いてあった！

「親しくなったらファーストネーム」とは限らない

相手の呼び方も日本人にはよく分からない。第1に、ファーストネームで呼ぶのがつねに親密さの表現とは限らない。イギリス人だと、（日本人と同じように）名字を呼び捨てにするのが親密と考えられることもある。

第2に、アメリカ生まれのアメリカ人でも、ファーストネームで呼ばれることを快く思わない人がいる。それまで「欧米人は、親しくなったらファーストネーム」と考えていた私には意外であった。しかし、そう言われて改めて思い返すと、私のそれまでの経験でも、それを裏付けるようなことは、いくつもあったのである。

例えば、私の先生であったヤコブ・マルシャック教授は、ファーストネームで呼ぶとすれば、「ヤッシャ」となる。しかし、私が聞いた限り、彼をこのように呼んでいた人は、ごくわずかしかいない。

対面しているときは「プロフェッサー・マルシャック」であるし、第三者として言及するときは、そう言うか、あるいは「マルシャック」である。かなりの高齢で、しかも第二次大戦中にヨーロッパからアメリカに移住してきた方だからだろう。

そして、マルシャック教授は、私のことを「ユキオ」とは呼ばずに、「ノグチ」と呼んでいた。日本人のファーストネームとファミリーネームの区別がつかないのではないかと思ったこともあったが、決してそうではなかった(ロシア生まれのユダヤ人である教授は、日本に親近感を持ち、日本についての深い知識を持っていた。彼が私に発した最初の質問は、「オオヤマがロシアに与えた影響を知っているか」である。「オオヤマ」とは、日露戦争時の満州軍総司令官、大山巌《いわお》元帥のことだ)。
マルシャック教授だけではない。イギリス人の友人にも、私を「ノグチ」と呼ぶ人がいる。また、ある程度以上の社会的地位になると、アメリカでも肩書きをつけて呼ぶ場合が多い。ケネディ大統領は、スタッフが「ジョン」や「ジャック」と呼ぶことを禁じていたそうである。

大統領までいかなくても、そうである。大使や判事などの場合、退職したあとでも、そして非公式な場でも、ファーストネームで呼ばずに、肩書きで呼ぶことが多い。

そして、このルールを間違えることは、きわめて非礼なことと考えられている。エルヴィス・プレスリー主演の「ブルー・ハワイ」という映画に、主人公の陽気な母親が自宅でパーティーを催す場面がある。彼女が客の一人である海軍提督(アドミラル)をつかまえて、「ジェネラル(陸軍の元帥)」と呼んでしまう。

提督はムッとして、「私はアドミラルです」と抗議すると、彼女は、「気になさるな。今はアドミラルでも、いつかきっとジェネラルになるわ」と答える。これがジョークになるのは、肩書きが非常に重要という背景があるからだろう。

また、ファーストネームそのものでなく、「ファーストネームとセカンドネームの頭文字で呼べ」と言ってくる人もいる。例えば、私の知っているある学者は、「T・J」である。私は、彼のファーストネームが何であるかを思い出せない。

以上は、「たかが」呼び方の問題である。「されど」、この問題は重要なのだ。「アメリカ人はお互いをファーストネームで呼びます。だからわれわれも英語で話すときは、その慣習に従って相手をファーストネームで呼びましょう」では、あまりに粗雑だ。

第6章

仕事でも必要なサバイバル外国語

1　現地の言葉より重要なこと

どんな国でも英語が重要

これまでの章では、ビジネスなどの仕事の場を念頭において、そこで用いるコミュニケーションの道具としての英語を考えてきた。この章では、海外旅行でのサバイバルに必要な英語以外の外国語について考えることとしよう。

ビジネスパーソンが仕事で訪れるのは、いまや世界のあらゆる国だ。それらの中には、英語を国語としない国が多いだろう。その場合には、ビジネスの場を離れて街に出れば、英語ではない言葉が話されている。

また、ビジネス目的ではなく、観光目的でさまざまな国を訪れる場合もあるだろう。そうした場合に、言葉の問題にどう対処するかという問題を考えることにしたい。

まず強調したいのは、こうした場合においても、英語が圧倒的な重要性を持っているということだ。

ほとんどの国において、空港や主要な鉄道駅、そして一流ホテルや店舗では、英語が通じる。とくに北欧諸国やベルギー、オランダなどでは、国中どこでも、完全に英語が通じる。アジアでも、中国を除けば、かなりの程度は、オフィスを離れて街に出ても英語で用が足りる。

したがって、英語以外の外国語を習得しようとするよりは、英語に努力を集中するほうがよい。各国語を勉強して中途半端な結果に終わるよりは、英語のコミュニケーション能力を向上させることに集中すべきだ。そのほうが、ずっと効率的で実用的だ。

英語以外の外国語は、「旅行者語」と割り切ってしまうのがよい。イタリア語ができなくても、数週間なら（つまり「旅行者」としてなら）、イタリアで快適に生活できる。観光地なら、ホテル以外でも英語がかなり通じる。

なお、スマートフォンアプリの自動翻訳能力が向上してきたので、旅行用にはかなり便利になった。これについては、第8章で述べることにする。ただ、そうした条件変化があるにせよ、最低限の会話は、自分でできるほうがよい。

サバイバルでは、文法より単語

旅行者の言葉に、難しい文法は必要ない。

仮定法、半過去、過去完了などは、ほとんど不要だ。欧米語では冠詞、不定冠詞が重要だが、それが間違っていても、何とかなる。それよりは、単語が重要である。

なまじ片言でしゃべれても、相手の返答を聞き取るのは、難しい。だから、コミュニケーションが成立しないことが多い。これは、すでに第5章の1で述べたことだが、英語以外の言語については、とくにそうだ。

ドイツ人は非常に速く話す。しかも、長々と詳しく話す。だから、聞き取れない。旅行者用会話集で質問ができても、ほとんどの場合にまったく意味がない。相手の返事を誤解すると、重大なトラブルが生じる危険がある。買い物をする程度ならよいが、そうはいかない場合もある。

そうした場合は、通訳を頼むのがよいと、私は思う。外国で日本語との通訳を探すのは、大変だ。しかし、英語とその外国語との通訳なら、世界のどこでも、簡単に見つけられる。この意味でも、英語は世界語なのである。

正確な言葉より大声が必要なとき

ある本で、暴漢に襲われたときに「助けて!」を現地語で何と言うかを説明してあった。しかし、正確な言葉で助けを求める必要はない。こんなときには、どんな言葉でもよいから、大声を上げればよいのだ。

こうした場合のサバイバルのために必要なのは、言葉そのものではない。大声である。

重要なのは、声の大きさであって、言語としての正確さではない。

あるいは、「痛い」というのを、その国の言葉で言う必要はない。顔をしかめて日本語で「痛い」と言えばよいのだ。旅行者用会話集には、こうした場合に何と言うかが書いてある場合が多いが、ナンセンスという他はない。

重要なのはコミュニケートする努力

外国で日本人の評判が悪いのは、現地の人とコミュニケーションをとろうと努力しないからだ。店に入ったら「こんにちは」と言う必要がある。何かサービスを受けたら、「ありがとう」と言う必要がある。これは、最低限必要なことだ。

これは、外国に出かける日本人の観光客に、とくに望みたいことだ。「こんにちは」や「ありがとう」は、知らなくともサバイバルできる。だが、海外における日本人のイメージを落とさないために、是非やってほしい。

ところで、「コミュニケーション」は、言葉だけで行なうものではない。身振りや手振りが重要な場合もある。笑顔だけでも有効なコミュニケーションになる場合もある。こうした手段は、是非活用しよう。

言葉が必要になる場面でも、言葉以外の方法で補足することができる。例えば、買い物なら、購入したい品物を示せばよい。これは誰でもやっていることだ。

ただし、ボディ・ランゲッジは、必ずしも万国共通ではない。国によっては、特定のしぐさがとんでもない意味に取られることがあるから、注意が必要だ。

言葉より重要なノウハウもある

コミュニケーションのためには、言葉以外のノウハウのほうが重要な場合がある。その例を挙げよう。

あるとき、テレビの英会話番組を見ていたら、つぎのような場面が出てきた。老夫婦がハワイのホテルにチェックインする。ところが、部屋は海向きでなかった。そこで、電話でフロントを呼び出し、「部屋を変えてください」と交渉する。

折角ハワイに来たのに、ホテルの部屋が海向きでなかったら、誰でも変えてほしくなる。しかし、この目的を達成するためには、言葉が最重要とは言えないのである。言葉に先立つノウハウ(あるいは注意事項)が、いくつかある。

まず、部屋に入った直後でないと、部屋の交換は難しい。洗面所を使い、ベッドカバーを開いたあとでは、まず無理だろう。「ホテルの部屋に案内されたら、まず変更の必要があるかどうかを考えよ」。これが第1の注意事項だ。このあとでは、いくら英語が流ちょうに操れても、事態を挽回するのは難しい。

第2に、英語に自信がない人は、部屋から電話で交渉するのはやめたほうがよい。ホテル側としては、理由をつけて要請を断りたい。だから、電話で交渉すれば、ほぼ確実に、長い返答が返ってくる。それを聞き取ることは大変難しい。

私が見たテレビ番組では、親切なマネジャーがすぐに部屋に現われた。しかし、そうはならないのが現実世界である。

交渉のためには、フロントに行って直接話すほうがよい。その場合、「誰に話せばよいか」という判断も重要だ。決定権を持つマネジャーでないと、いくら話しても無駄なことが多い。旅行のノウハウとしては、こうしたことが言葉よりも重要な場合が多いのである。

旅行ノウハウの問題として考えると、最も重要なのは、予約の時点で部屋の向きを決めることだ。ハワイのホテルを予約するときに、ocean front, ocean side, ocean view, mountain side などという区別は、大変重要である。

このいずれかによって、予約の可能性も料金も全然違う。だから、実際に部屋に行ってからクレームをつけても、手後れである場合が多い。

2　言葉が決定的に重要な場合もある

アクシデントでは、言葉が不可欠

以上で述べたことは、「旅行者に正確な言葉は不必要」ということではない。海外旅行で言語能力が必要とされる場面は、いくつかある。

まず、団体パック旅行に甘んじるか、個人旅行を楽しめるかは、コミュニケーション能力にかかっている。美術品や骨董品など、外国でしか買えないものがある。こうしたものを買う場合には、値段の交渉などが必要なので、どうしても会話が必要だ。

また、以下で述べるように、言葉が決定的に重要になる場合もある。

その例は、レンタカー旅行だ。こう言えば、多くの人は意外に思うだろう。列車や飛行機なら時刻表を読んだりアナウンスを聞いたりするために言葉が必要だが、レンタカーなら自由に旅行ができるから言葉は不要だと、多くの人が考えるだろう。確かに、事態が正常に進めば、その通りだ。

しかし、「言葉に自信がないから、列車でなくレンタカーで旅行する」と考えるのは、実は、大きな間違いなのだ。レンタカー旅行では、アクシデントがありうるからである。

他の車との接触・衝突事故がありうる。交通規則違反でパトロールカーに捕まるかもしれない（私は、どちらも経験した）。こうした場合には、言葉は不可欠だ。

事故の責任が相手にあって自分に落ち度がないとすれば、そのことを警察官が納得できるように説明しなければならない。あるいは、交通違反を犯してしまった事情を警察官に説明し、罰金を支払う手続きをしなければならない。

こうした場合に笑顔を見せても、駄目である。コミュニケーションの道具として、言葉が決定的に重要になるのだ。

病気や怪我の英語は難しい

いま一つは、病気や怪我《けが》の場合だ。症状や状況を正確に医師に伝える必要がある。しかし、第2章の1で述べたように病気関係の言葉は普段使わないし、また難しい。

例えば、「頭がシクシク痛む」という簡単な症状を英語で言うのさえ、難しい。しかし、症状を正確に言えなければ、文字通り「致命的」になる場合もある。

持病のある人は、それを英語で言えるよう準備しておくべきだ。あるいは、説明文を用意して、持ち歩くことが必要だ。

「どのような場合に言葉が重要になるか」を、的確に知る必要がある。外国人たる旅行者は、そうした局面に対応できることをまず第1の目的とし、そのための言葉を訓練する必要がある。

意外に重要な「曜日」

曜日は、旅行者のサバイバルにとって意外に重要だ。とくにヨーロッパ旅行ではそうである。私は、これで失敗したことが何度もある。

「曜日」を示す言葉が重要とは、それで失敗した経験がないと、気づかない。私の経験を述べよう。

イタリアにコモ湖という美しい湖がある。その船の時刻表で、帰りの便に「日曜運休」と書いてあるのに気がつかなかった。その時刻に船着場に行ったが、待てど暮らせど来ない。結局1時間待たされて、列車の乗り継ぎができなかったことがある。

行きの船を降りるときに帰りの時刻をイタリア人の係員に確かめたのだが、彼は、私の質問を正確に理解せずに「OK」と言ったのだ。観光地なのに日曜運休とは、日本人の感覚では理解できない。列車にも日曜運休便があるので、時刻表を読む場合には注意が必要だ。

レストランにも休みの曜日がある。ミラノのあるレストランを目当てにはるばる日本から来たのに、ミラノに滞在できるその日は定休日だった。『ミシュラン』のガイドブックにはちゃんと書いてあるのだが、イタリア語で書いてあるので、気がつかなかったのだ。

「今日、明日」などは、旅行しているときに、必要になることが多い。これに対して、「昨日」という言葉が必要になる機会はあまりない。旅行している場合には、未来の旅程について話す必要が多いからだろう。

「この水は飲めるか？」

開発途上国では、水に気をつける必要がある。生水を飲むと、間違いなく下痢《げり》をする。ビールやコーラでさえグラスに注ぐと危ないので、ラッパ飲みにする。氷を入れて冷やすなど論外だ。

あるとき、注意に注意を重ね、1週間あまりの旅の最終地点であるホテルに入った。部屋に水差しが置いてあったので、「この水は飲めるか？」(Can I drink this water?)と聞いた。

答えはYesだったので飲んだところ、ひどい下痢に見舞われた。この問いは、誤解されたのである。彼らにとっては飲める水だから、ボーイは、Yes.と答えたのだ。

「この水は煮沸されているか？」(Is this boiled water?)と聞くべきだった、と腹痛に悶《もだ》えながら反省した。このケースでは、旅行ノウハウより言葉そのものが重要だったわけだ。

3　どこまでが必要最低限か？

身振り手振りで示せること、示せないこと

外国旅行でその国の言葉が必要になるのは、交通機関、買い物、食事、ホテルだろう。これらの場合、黙っていないで、とにかくしゃべることが重要だ。

例えば、買い物で「これを三つ下さい」というのは、身振りで分かる。そのとき、何でもよいから、言葉をしゃべるのがよい。相手に英語が通じなくても、英語でしゃべればよい。場合によっては、日本語でしゃべってもよいと思う。そして、数字を書いて示せばよい。

「旅行者のための会話集」という類の本を見ると、買い物のときに「この服は、いくらですか？」などが例文として書いてある。しかし、私の経験では、このように正確な表現は必要ない。How much? に相当するその国の言葉だけを知っていれば、十分だ。服を手にして、あるいは指差して、このように言えばよい。

むしろ重要なのは、答えを正しく理解することだ。では、どうすればよいか？　ヨーロッパでは、付加価値税の計算をする必要があるので、どんな小さな商店にもレジがある。

そこに価格が表示されるから、それを見ていればよい。
それがない場合には、答えを紙に書いてもらう。このために、Write, please. に相当する言葉を覚える。書く手振りをしながら言えば、必ず通じる（また、こうした場合に使えるように、メモ用紙と筆記用具を必ず携帯する。もっとも、第8章で述べるように、最近では、自動翻訳機能が使えるスマートフォンのほうがよいかもしれない）。

こうしたことについて、旅行者用会話集は、あまり適切なアドバイスを与えてくれない。あまり必要がない会話が書いてある場合が多いように思われる。

注意書き、時刻表、レストランのメニューなどは、読めるだけで十分だ。最近では、文字を読み取って翻訳してくれる機能がスマートフォンで使えるので、その機能を活用する（第8章参照）。

入国審査の際の受け答えに自信がなければ、定型的な質問（旅行目的、滞在期間など）に対する答えをあらかじめ紙に書いておき、それを示してもよい。

私の意見では、とくに必要なのは、How much?/Which?/Where?である。これに対して、When?/What?は、質問が相手に通じても、答えをこちらで理解できない場合が多い。その意味で、あまり必要がない質問である。

一般的に言うと、抽象語の中では、身振り手振りで示せないものを覚えることが必要だ。

例えば、「大きい、小さい」や「右、左」は手振りで示せるので、言葉が分からなくとも何とかなる。しかい、「遠い、近い」を手振りで示すのは難しい。

最低限必要なのは「数字」

サバイバルのために外国旅行で最低限必要な言葉は、なんだろうか？　私の意見では、まず必要なのは、数字である。

数字については、買い物の値段はレジを見ていればよい、あるいは書いてもらえばよい、と述べた。しかし、これは、数字を覚えなくてよいという意味ではない。数字はできるだけ覚えるべきである。最低限は、0、1、2、3、4、5、10、100、1000だ。

もちろん、これ以外にもできるだけ覚えるほうがよい。しかし、一度にすべて覚えるのは難しい（とくに、ヨーロッパの言葉は、数字の数え方が不規則で、覚えにくい）。ここでも「8割原則」を適用しよう。10割を求めて尻込みし、何もしないより、とりあえずこれらを覚えよう。

そして、「7個下さい」が言えなければ、「5個」あるいは「10個」で我慢すればよい。100を超える数を言うことは、さほど多くないだろう（仕事の場合はそうではない。これは、第3章の2で述べた通りだ)。また、30は、3、0と言っても通じる(英語の場合に、thirtyと言うかわりに、three zeroというように)。

以上はかなり乱暴なアドバイスだ。しかし、何も言えないよりは、少しでも言えるほうが、ずっとよい。

数字は、言えるだけでなく、「読める」ことも重要だ。手書きの数字は、日本人が慣れ親しんでいるものとずいぶん違う。とくに、4や7は読み違えることが多いので、注意が必要である(私は、手書きメモにあったホテルの部屋番号を読み違えて、ひどい目にあったことがある)。

なお、こちらの書いた数字が相手に正しく読まれるかどうかも、定かではない。日本人の書いた7は1や4に、3は5に、それぞれ読み違えられる危険がある。

「分からない」を伝えることも重要

英語の勉強だけでも大変なのに、それに加えて他の外国語というのでは、大変だ。しかも、短期間に学習するのは難しい。そこで、多くの人は尻込みしてしまう。

だが、「難しい。大変だ」といって何もしないよりは、必要最低限の言葉だけでも覚えるほうがよい。それ以外は、辞書を引いたり、会話集の本を見たりして補完すればよい。

あるいは、スマートフォンの自動翻訳の助けを借りる。

問題は、「必要最低限の言葉」として何を選ぶかだ。この選択は、難しい。外国語の専門家に任せても、駄目である。必要なのは、旅行での実体験だからだ。

まず、挨拶と返事は、必ず覚える必要がある。すでに述べたように、「ありがとう」と「さようなら」は、必ず現地語で言おう。外国人が日本語で言ってくると、親しみを感じるのと同じである。「どうぞ」「ちょっと失礼」「失礼しました」も言えるのがよい。

朝の挨拶であるGood morning.は言う機会が多い。しかし、Good afternoon.／Good evening.は、どうしても必要というわけではない。Hello.でよいだろう。Hello.は、ほぼ万国共通語である。

「分かりません（理解できません）」を明確に伝えることは、しばしば非常に重要である。曖昧な笑顔で応じると、とんでもない結果になることがある。

すでに述べたように、買い物で値段を聞く場合には紙に書いてもらえばよいから、「ここに書いてください」は、重要な会話である。

「トイレはどこですか？」は、緊急な場合にはまことに重要である。最低限、「トイレ」に相当する言葉を覚えよう。

第7章　書く英語で能力が評価される

1　実用英語とは「話す」ことではない

なぜ文章英語なのか？

ここまで述べてきたのは、口頭英語のコミュニケーションである。それを要約すれば、つぎのようになる。

英語を「話す」練習をする必要はない。必要なのは、「聞く」練習だ。聞ければ、自然に話せるようになる。

重要なのは、内容だ。内容がしっかりしていれば、相手は注意深く聞いてくれる。専門的な会話では、テクニカルタームを知っていればよい。それを「討論用表現法」でつなぎあわせる。

ところで、仕事で使う英語について多くの人が陥っている誤りは、会話が実践的コミュニケーションと信じ込んでいることだ。

しかし、仕事で英語を用いようとするとき、最も重要なのは、「書く」ことなのである。インターネット時代になって、メールを使ったコミュニケーションが増えたため、この傾向はますます強まっている。

これまで、外国人とのコミュニケーションは、面談、電話などの口頭で行なう場合が多かった。ところが、インターネットの発達は、文書によるコミュニケーションを飛躍的に増加させた。外国の提携先や取引先とのやり取りの大部分は、電話でなくメールで行なわれている。

欧米との間では、時差があるので、電話では時間を合わせるのが大変だ。これだけを考えても、メールの有利さは明らかだ。

それに、もともと彼らは、仕事上のコミュニケーションのかなりの部分を文章で行なっていた（オフィスの隣の人に対しても、口頭で伝えるのでなく、メモを回していた）。したがって、日本人にとっても、文章で情報を受け、文章で発信することが必要になる。「実用英語は会話」というのは、いまや時代遅れの認識だ。

ビジネスでは文章英語が必要になる

第1章で強調したように、これからの世界で、英語の重要性はさらに高まる。この点で、日本は不利な立場にある。

国際競争にさらされていた日本の製造業では、これまでも英語は使われていた。しかし、それは、輸出など国際業務に関係する一部の人たちだった。ところが、インターネットのネットワークに組み入れられることとなって、変化が広範囲に生じた。

通信回線を利用して距離に関係なく仕事をする形態は、「テレコミューティング」と言われる。これまでは国内のテレコミューティングだったのが、いまや国境を越えて地球的な規模に広がりつつある。

こうなると、外部との連絡だけを英語にするわけにはゆかず、社内の文書をすべて英語にしないと対応できない。しかも、ここで必要となるのは、「書く」英語であり、日本人にはハードルの高い分野だ。こうした事態に、日本の企業が適切に対応できるか否か、大いに憂慮される。大企業はできるかもしれないが、中小零細企業では容易ではないだろう。

モノの輸出による「国際化」において、言葉は問題にならない。日本語を話す労働者が作った自動車をアメリカの消費者が使うことに、何の問題もない。また、中国語を話す労働者が作った電気製品を、日本の消費者が何の苦労もなく使うことができる。

しかし、「オンライン・アウトソーシング」（海外アウトソーシング）では、事情が一変する。ここでは、英語が不可欠だ。インドのオペレーターがアメリカ企業のコールセンター業務を行なえるのは、彼らがアメリカ英語を話せるからだ。他の業務についても、言葉が通じないとスムーズに進めることができない。

これは、日本にとっては大きな障壁だ。インド人ＩＴ技術者を使うにしても、「オフシヨア」（この場合は、インド人をインドにいたままで雇用する形態）の利用ができない。「インド人を日本に呼んで日本語を勉強させてから使う」という、およそ時代遅れの方法がいまだに主流だ。

第1章の2で述べたように、新型コロナウイルスの感染拡大によって、在宅勤務（リモートワーク）が急速に広がった。それは、全世界的な広がりを持つ変化である。

そうした場合に、ビデオ会議だけで用がすむはずはない。必ず文書のやりとりがあるはずだ。だから、会話の英語だけでなく、「書く英語」が、決定的な重要性を持つことになる。

そして、この場面では、語学としての英語が必要だ。いかに内容が優れていても、言葉として間違っていては、駄目なのである。そして、これこそ日本人にとって最も難しいところだ。

「これからは英会話」という時代錯誤

テレビの英語番組でも、本当は英会話でなく、英作文が必要だ。時代の変化に合わせて教育内容も変わらなければならない。

ところが、先日あるテレビ局の人と話していたら、「これからは、英語の時代になる。

しかも、実用英語だ。だから、文章の英語から会話の英語に移行しなければならない」と言われて、唖《あ》然《ぜん》としてしまった。この人の認識は、50年くらい遅れている。

日本で「実用英語」というと、英会話と同義と考えている人が多い。だから、テレビの英語番組も、いつになっても会話である。

テレビ番組の実用英語が「会話」になってしまうのは、メディアの特性に起因するバイアスのためでもある。テレビでは、会話はやりやすいが、文章添削はやりにくい。「これからは会話の時代だ」という誤解の背後には、供給者の事情もあるのだ。それは分かるが、認識は変える必要がある。

第3章の4で、「日本の英語教育は条件変化に対応していない」と述べた。そこで指摘したのは、学校英語が仕事で使う英語に適応していないということだ。しかし、現実世界の事情は、さらにその先まで変化している。それは、「書いた英語を発信する時代になった」ということだ。

学校でも「書く英語」はほとんど教えていない。「英作文」は採点が難しいから教師が敬遠する。できるのはスペルチェックくらい。しかし、これはワードプロセッサですでにできることだ。

「会話は難しいが読み書きは簡単」という誤解

文章英語が口頭英語と決定的に異なるのは、言語としての「正しさ」が求められることだ。文章英語においては、「語学」が重要になる。

口頭のコミュニケーションでは、内容があれば評価される。しかし、文章では、内容が高度であっても、文章そのものが正確でなければならない。「意味が通じれば、それでよい」とは言えないのである。

口頭では、言葉の間違いを恐れずに話す勇気が必要だ。しかし、文章では、まったく事情が異なる。言語として正確でないと、発信者の全般的な能力を疑われる。だから、不正確な英語の文章で発信することは、極力避けなければならない。

このことは、外国人が日本語を使う場合を考えれば、直《ただ》ちに了解できるだろう。

例えば、あなたが外国人に質問をしたとする。その答えがたどたどしい日本語であったとしても、内容が重要であれば、あなたは注意して聞くだろう。また、「日本語が上手いですね」とほめたくなるだろう。

しかし、やり取りが手紙やメールで行なわれた場合には、あなたの受け止め方は異なるものとなる。もし文法的に間違いだらけの返事が返ってきたら、あなたはその内容を疑ってかかるに違いない。文章が稚拙であれば、相手の知的水準や理解度が低いと考えてしまうのである。われわれが英語の文書を書く際にも、英語を母国語とする人々からは、同様に評価されるのだ。なんと恐ろしいことだろう！

会話ならごまかせるが、文章はごまかせない。日本人は一般に能力が低いと世界で評価されているおそれがある。

2 なぜ書く英語が難しいのか？

文章は知能を表す

「文章が知能を表す」ことは、ダニエル・キイスの出世作『アルジャノンに花束を』を読むと、明らかだ(注)。

これは、知能向上手術の実験台となった男の、知能の向上と再衰退の過程を描いたＳＦである。知能の変化を、文章の変化を用いて見事に表現している。

物語は、主人公チャールズ・ゴードンの日記として展開されている。最初に登場する文章は、つぎのようなものだ。

Dr. Strauss says I shud rite down what I think and evrey thing that happins to me from now on. I dont know why but he says its importint so they will see if they will use me. I hope they use me. Miss Kinnian says maybe they can make me smart. I want to be smart.

すとらうす先生わぼくわぼくが考えることとかこれからおこることとかおぜん部書かなくてはゆけないとゆった。ぼくわなぜなのかわからないでも先生わそれわ大じなことです先生がたがこれからぼくおつかうかどうかおみるためだとゆった。先生たちわぼくおつかってくれればいいなと思いました。ミスきにあんわきっと先生わぼくの頭およくしてくれますとゆった。ぼくわ頭がよくなりたい。（野口訳）

話し言葉を文字に移しただけの文章で、文章の構造も簡単だ。抽象名詞はほとんど現れない。そして、誤字だらけだ。

これに対して、チャールズが知能の最高段階に達したときの手紙の文章は、つぎのようになる。

Yet for the sake of science, I am grateful for the little bit that I here add to the knowledge of the function of the human mind and of the laws governing the artificial increase of human intelligence.

I recall your once saying to me that an experimental failure or the disproving of a theory was as important to the advancement of learning as a success would be. I know now that this is true. I am sorry, however, that my own contribution to the field must rest upon the ashes of the work of two men I regard so highly.

しかしながら、人間の心的機能および知能の人工的増強を支配する諸法則に関する知見に対して、私がここに付け加えるささやかな貢献を、私は科学の名において慶《よろこ》びに思う。

実験上の失敗もしくは理論上の反証は、成功と同じく、人智の進歩に重要であるとの貴方の言明を、私はいま想起する。私は、その真なることを知る。だが、私自身の本分野への貢献が、かくも尊敬する二人の方々の業績の灰の上に立つことを、私は遺《い》憾《かん》に思う。（野口訳）

実に感動的な文章だ。普通なら動詞で表現することを、名詞で表現している。口語的でなく文語的なのである。例えば、口語であれば、I recall your once saying. は、I recall you once said to me. と言うところだろう。両者の差は、明白である。

（注）Daniel Keyes, *Flowers for Argernon*, Mercury Press, 1959. を参照。この作品は、その後長編化された。ただし、もとのバージョンである短編がよい。長編は、余計なストーリーが混入してきて、密度が低くなってしまった。

また、文章表現そのものが重要であるから、翻訳では駄目で、原文を読む必要がある。*The Science Fiction Hall of Fame*, volume 1, Avon, 1971 に収録されている。

英語の最後の難問は「書く」こと

『アルジャノンに花束を』を読んでいると、「私の英語はいったいどの段階なのだろう」と、気になる。あるいは、「稚拙な文章と難しい文章が脈絡なく混じっているのかもしれない」などと心配になる。

実際、英語を「書く」のは、非常に難しい。「読む」「話す」「聞く」が問題なくできるようになって、最後に残る難問は、「書く」ことだ。

「会話と違ってじっくり考えられるから、楽だ」という人がいるかもしれない。しかし、いくら時間をかけて考えても、分からないことは分からないのである。それに、話した英語はすぐに消えてしまうが、書いた英語は、いつまでも証拠として残る。下手な英語や間違った英語なら、あとあとまで恥が残るわけだ。

あるシンポジウムでこのことを指摘したら、司会者が「文章英語の勉強は、日本では明治以来やっていたことだ。これまでは会話で苦労してきたが、文章英語の時代になれば日本人には有利になる」と発言した。

冗談ではない！ 学校の英語の時間にやっていたのは、文章を読むことであって、書くことではない。明治以来の日本の英語教育の伝統とは、英語の文献で知識を輸入することだった。こちらから発信することは、もともと念頭になかったのだ。

難しいのは前置詞と冠詞

では、「書く英語」のどこが難しいのか。難しいのは、つぎの二つである。

第1は、前置詞だ。日本語でテニヲハが難しいのと似ている。ただし、これは、辞書を注意深く引けば、なんとか分かる。

日本人にとって最も難しいのが、冠詞である。高度な内容になると、名詞が多くなる。だから、冠詞は不可欠だ。しかし、冠詞は日本語にはないものなので、日本人には非常に難しい。気になりだすと、止まらない。しかも、辞書を引いてもよく分からない。

日本人にはどうしようもない。日本人の書いた英語とすぐに分かってしまうのは、冠詞を間違えているからだ。

なお、冠詞に関連して、単数、複数のどちらを使うべきかも難しい。例えば、右に引用したゴードンの第2の文章を、もう一度見よう。experimental failureがなぜanで、disprovingはなぜtheなのか？ disproveするのは、なぜa thoeryであって、theoriesではないのか？ こんな短い文章一つを取り上げても、冠詞や単数、複数は謎だらけだ。

前置詞や冠詞が難しいのは、日本語と英語が非常に異なる言語だからだ。（先に引用した文章中にはその例は現れていないのだが）チャールズ・ゴードンが稚拙な文章を書いているときも、前置詞や冠詞は間違えていない（あるいは、これを間違えさせようとする考えが、著者の頭に浮かばない）。

冠詞を間違えれば英語ではない

１９７０年代の初め、私はエール大学で博士論文を書いていた。その最終段階でのこと。タイプし終わったドラフト（草稿）を見て、指導教授は言った。「内容は大変よろしい。しかし、冠詞がおかしい。これでは博士論文として認められない」。

滞在可能期間は、あと2週間しかない。「冠詞の正しい使い方」をこれから勉強するのは不可能だ。切羽詰まった私は、アメリカ人の学生に頼んで、直してもらった。貧乏学生だったため、生活費を切りつめ、必死の思いで、依頼のための費用を捻出したのである。

それから25年後、私はある雑誌の企画で、社会学者のダニエル・ベル教授と対談した。インターネット時代には書く英語が重要になるという点で、二人の意見は一致した。

私「しかし、日本人には、それがたいへん難しい」

ベル教授「メールの英語は、それほど正確でなくともよい。文法的に少しくらい間違っていても通じるから、神経質になる必要はない」

私「では、冠詞が間違っていてもよいか?」

これに対してベル教授は即座に断言した。

「それは駄目だ!」

冠詞に対する英語国民の厳しい評価は、インターネット時代になっても少しも変わっていないのである。

致命的な単数、複数の誤り

日本語では単数、複数の区別があまり厳密でない。しかし、英語では厳密だ。

それとの関連で、「ロード・オブ・ザ・リング」という映画邦題にはがっかりした。指輪が複数形になっていないからである（最初の「ザ」が抜けているのも英語としては致命的な間違いだが、このタイトルを「日本語」と考えれば、許されるだろう）。

この映画の原作であるJ・R・R・トールキンの物語には、複数の指輪が出てくる。そのうちの三つは、理解、創造、癒しをもたらす。しかし、冥王サウロンが所有していた「一つの指輪」は、すべての指輪を統《す》べる力を持つ。これは、戦闘中に奪われ、回り回って主人公フロドの手に入った。しかし、サウロンの元に戻れば、三つの指輪の力は失われ、世界は邪悪な冥王の支配にひれ伏すことになる。

だから、指輪が複数存在するという事実は、この物語の基本だ。邦題を付けた人は、こうした構造を知らない（少なくとも無頓着）らしい。ファンの立場から見ると、まことに悲しいことだ。

3　では、どうするか？（1）緊急対処編

手紙やメールを「書き換える」

以上で述べた問題に対して、われわれ日本人は、どう対応したらよいだろうか？　私が

提案する解決法は、つぎのようなものだ。

なお、この節で述べるのは、英語を書く必要性が緊急な場合のものだ。もっと時間の余裕がある場合に「勉強」する方法は、４で述べる。

まず、最低限、馬鹿にされない英語を書こう。少なくともメールできちんとビジネスができるようになろう。そのための第１の方法は、実際の文章を見て、それを真似ることである。これが最も確実だ。

「英作文」をするのではなく、既存の英語文書を「書き換える」のである。これを行なう場合に必要なのは、元になる文書を見出すことだ。

手紙や電子メールの多くは、定型的である。だから、相手から来たものを真似して書くだけで用がすむ場合が多い（ただし、「ビジネス書簡集」などという書籍に出ている例文を見ると、「ちょっとずれている」と感じることが多い。実際の手紙やメールを見るのが一番よい）。

メールには定型的な部分が多いので、その通りにする。相手のメールの必要箇所（名前、時刻、場所）だけを変える。Ａさんからのメールを Ｂさんに送ればよい。

とくに注意すべきところ

メールでは、相手の反応を予測できないので、誤解や行き違いが生じやすい。日本語でも同じだが、英語ではことに注意すべきだ。

「メールは正確な英語でなくともよい。しかし、冠詞を間違えたら英語でない」というダニエル・ベルの言葉を忘れないようにしよう。

英語の手紙は、もともと日本語の手紙といくつかの点で異なっていた。「英作文」をしてしまうと、こうした点が反映されず、日本人的な手紙になってしまう。

とくに、つぎの点に注意しよう。

・時候の挨拶などはなしで、最初から用件に入ってもよい（もっとも、そうした挨拶があっても、日本人らしくてよいとは思うが）。気になるなら、I hope this mail finds you well. と書けばよい。

・返信の場合には、××月××日のあなたの手紙に対する答え、ということを最初に書く。

・差出人のインフォメーションは文頭に書く。私は、日本語でもこのほうが合理的だと思っている。

・秘書に口述筆記させたときは、最後に必ず、自分自身と秘書のイニシャルを入れる。YN／ABというように（YNは私。ABは秘書）。もっとも、メールの場合には、仮に口述筆記させても、こうしたことは入れないのが普通だろう。

・同内容を直接の相手以外に送る場合には、ＣＣと入れる（カーボンコピーの意）。これはメールでもよく使われている。

・英語にも敬語や丁寧語がある。口語ではさほど気にしなくてよいが、文章でこれを間違えると、非礼になる。仕事の上でこうした失敗をすると、致命傷になる場合もあるだろう。

・thank you, wonderful, grateful, I appreciate it if you could...を多用する。最上級を多用する。the greatest, most sincere など。

教科書、論文、新聞の論説などを「書き換える」

論文の場合には、似たような内容の論文や教科書に出ている文章を探し出して、それを書き換える。

もっとも、手紙やメールと違って、全文を書き換えですますわけにはゆかない。だから、大部分は自分で書かなければならない。そこで、さまざまな書き換えをつなぎ合わせる、または重要な部分だけを書き換えですませる、といったことが必要だ。

第3章で述べたことを繰り返せば、言い回しは、専門分野に特有のものが多い。それを学ぶには、その分野の文献を読むしかない。

専門用語は、その分野の専門家でないと、分からない。英会話学校の「ネイティブ」の先生はもちろんのこと、大学の英語の教官でも、その人の専門以外の分野について専門用語を教えることはできない。これらの教育は、専門課程の教育そのものを英語で行なわない限り、不可能なのである。

ところが、日本では、そうした教育が行なわれていない。日本は、あらゆる専門分野を最後まで自国語で学習ができる世界でも稀な国だ(人口が多いために、それが可能になっている)。このため、自分の専門分野の英語を理解できない専門家が多数育成されている。専門的な能力があるにもかかわらず、日本人が国際的な場で活躍しにくい最大の原因は、ここにある。

正式な文書の場合には、英語を母国語とする人に頼むのが一番よい。先に述べたように、私は、博士論文の英文チェックは、同僚の学生に頼んだ。帰国して大学で働くようになってからは、大学院に来ている留学生に頼んだ(これは、食事をご馳走する程度ですんだ)。いまでは、英文校正サービスがインターネット上にたくさんある。会社の正式な書類や論文などは、そうしたサービスを利用してもよいだろう。

インターネットを活用する

英文の手紙を書いたり、海外から届いたメールに返事を書いたりすることが日常業務となっている企業が多いだろう。サイトを運営していれば、海外からの問い合わせが舞い込むことは珍しくない。

個人で海外旅行をする場合でも、現地のホテルに日本から予約できるところが多い。また、海外留学の準備を進めるときには、資料請求や問い合わせから始まり、履歴書や小論文など大量の英文を書くことになる。

単語の綴《つづ》りについては、ワードプロセッサにスペルチェック機能がついているため、ミスの心配は減った。しかし、文法的な間違いは、完全にはチェックしてくれない。だから、基本的な英文法の知識は最低限必要だ。

そこで、手紙やメールへの返信などの場合、ある程度の定型的な英文を書くのであれば、英文レター集などの例文集を活用するとよい。こうした英文レター集は、たくさんあるが、とっさのときに手元にないことも多い。メールは、迅速に返事を書くのが第一原則なので、英文レター集を探しているうちに返事が遅れたり、出し忘れてしまったりしては問題だ。

そういった場合には、インターネットをレファレンス・コーナーとして活用しよう。図表7-1のリンク集には、いくつもの有用なサイトがある。また、使用する英単語のバリエーションを増やすために、シソーラス（類義語辞典）や英和辞書などを活用しよう（後述）。

文法に関しては、日本のサイトよりもアメリカの大学のサイトのほうが充実している。

なお、有料翻訳のサイトも多数あるが、価格や分野がさまざまであり、選定が難しい。

ところで、英作文の練習とは、単に「書く英語」のスキルアップになるだけでなく、「話す英語」を鍛える方法でもある。例えば、さまざまな例文集を覚えるところから始めてもよい。英語を書くことに慣れていけば、徐々に「話せる」ようになるだろう。

英和辞書を使う

英語を書く際のもう一つのアドバイスは、辞書や辞典の活用だ。「英語を読むときに辞書を用いよ」とは当然のアドバイスである。しかし、英語を書く場合に辞書を適切に利用している人は、さほど多くない。

「意味の分からない英単語を英和辞書で引き、日本語を英語に置き換えるのには和英辞書を用いる」という用い方をしている人が多いのではなかろうか。

実際、英語を書く場合に必要なのは、和英辞書だと思っている人が多い。しかし、和英辞書ではあまり適切な答えが得られない。むしろ、英和辞書のほうが便利である。とくに、動詞の使い方があやふやな場合には、必ず引くべきだ。

前置詞の正しい使い方も、英和辞書の例文を見れば、かなりの程度は分かる。当該前置詞のところを見るか、あるいは動詞のところを見る。

例えばarrive Tokyoなのか、それともarrive at Tokyoなのか。talk about the subjectなのかtalk on the subjectなのか、などが分かる。

また、reachは前置詞なしで他動詞として使えることなども分かる。冠詞の使い方も分かることがある。broad（面積が広い）とwide（幅が広い）の使い分けなども、ある程度以上詳しい辞書なら出ている。

このように、英和辞書は分からない単語の意味を調べるためだけでなく、正確な英語を書くために不可欠だ。

なお、以上で述べたことは、英英辞書でも分かる。最も有名な*Webster*では、しかし、詳しすぎてかえって使いにくい感もある。日本人には、英和辞書かあるいは日本人向けの英英辞書のほうが使いやすいと思う。

適切な言葉が思い付かないときは、シソーラスを用いる。簡単な内容のものは英文のワードプロセッサに内蔵されている。Microsoft Wordだと、「ツール」の中に「類義語辞典」として入っている(これでいろいろな言葉を次々に引いているだけでも、英語の勉強になる)。

また、ソフト内に例文集が用意されていることもある。注文書などは、これを適宜修正すればできあがるだろう。

4 では、どうするか？(2) 勉強編

モデル文章を丸暗記する

本章の3で述べたのは、緊急に英語を書く必要がある場合だ。時間の余裕があれば、勉強する。

第1の方法は、第4章で述べたように、英語の文章を丸暗記することだ。専門書なら、専門用語が分かる。また、言い回しが分かる。手紙であれば、相手から来た手紙を丸暗記しておく。つまり、自分が書く文章の典型的なパタンを覚えておくのである。

一般的な英語感覚は、「聞くこと」(そして丸暗記すること)で得られる。これは、会話のためにも、文章英語のためにもなる。つまり、「聞ければ話せる」だけでなく、「聞ければ書ける」のだ。

したがって、会話のための時間と文章英語のための時間を区別する必要はない。これらが別であると考えていたのが、従来の日本の英語教育の誤りだ。

すでに述べたように、前置詞などについて「おかしい」と思ったら、辞書を使うべきだ。しかし、そもそも「迷う」ためには、ある程度の英語感覚が必要だ。「どこか変だ」と思わなければ、辞書を引くこともないだろう。そして、こうした感覚を身につけるには、できるだけ多くの文章を丸暗記するしか方法はない。

オンライン新聞の英語版を活用する

英語を書くためのもう一つの勉強法は、新聞の英語版の活用だ。日本の主要紙は、英語版を発行している。だから、日本語版と対照すれば、英作文の勉強に使える。

インターネットで提供されている新聞は英語の勉強に使える。私が有用と思うのは、日本の新聞社が提供している英語版の活用である。自分の専門に近い記事を見つけて、まず自分で英訳する。それとここに載せられている英語とを比較する。

とくによいのは、社説だ。他の記事だと英訳は必ずしも日本語記事の直訳ではないが、社説はそうなっている。これを題材にするとよいだろう。

もちろん、このような勉強法は紙の新聞でもできる。しかし、おっくうだろう。インターネットならすぐにできる。

インターネットの英字新聞でニュースを読むのもよい。インターネット時代になって、アメリカの新聞を日本でも簡単に読めるようになった。フロントページ（第一面）は、字がべったりというわけでないので、日本人には読みやすい。

ニュースの取り上げ方は、日本とかなり違う。これを毎日見ていれば、世界の情報に関する「井の中の蛙《かわず》」的状態から脱出できることにもなる。

添削サービスを利用する

できれば、自分がよく使うタイプの文章について定型的、標準的な表現を学ぶのがよい。そのためには、家庭教師に添削してもらうのがよい。家庭教師というとおおげさに聞こえるかもしれないが、オンラインにそうしたサービスがたくさんある。

シュリーマンは、なけなしの給料をはたいて外国語の家庭教師を雇った。そして、自分が書いた文章を添削してもらい、それを暗記した。これは、つぎのような理由で、正しい方法だ。

第1に、外国語の文章は、特定のパタンのものに限定されることが多い。ビジネスパーソンなら取引相手との交渉の手紙であろうし、学者・研究者なら論文だ。このどれであるかで、文章のスタイルも、語彙も、かなり違う。だから、自分が必要とするタイプの文章について、定型的なパタンを習得すればよい。

第2に、辞書や文法書をいくら参照しても、はっきりした答えが得られない問題がある。冠詞の使い方はその典型だ。これは家庭教師に直してもらうのが最も確実である。

シソーラスを使えば発見がある

「シソーラス」(thesaurus)というものがある。日本ではあまりなじみがないので、少し説明を加えておこう。

これは、「類義語辞典」と訳されているものである。普通は、アルファベット順でなく概念別の配列になっており、各々の概念ごとに、意味の近い言葉が並べられている(なお、アルファベット順に言葉を並べたシソーラスもある)。

文章を書いていて、適当な単語が思い浮かばないとき、あるいは同じ単語ばかりが続いてしまうときなどに、「言葉を探す」ために使う。つまり、普通の辞書が言葉から意味を引くのとは逆に、意味から言葉を引くわけだ。

日本人でもある程度以上の英語力のある人なら、英語を書くときの辞書として、和英辞典よりも便利だ(そもそも英語でシソーラスが発達したのは、非母国語として英語を使う人が多いからだと言われる)。また、概念別の言葉の分類を見ていると、言葉の正確な意味についてこれまで誤解していたのを知らされることもある。

最もよく使われてきたのは、『ロジェ』（*Roget's Thesaurus of English Words and Phrases*）。これは、古くからあるシソーラスである（初版発行は１８５２年）。ペーパーバックス版は、空港の売店で売っているほど普及している。私は留学中に、英文学専攻の日本人留学研究生にその存在を教えてもらった。それ以来、英語の文章を書くときの必需品になっている。

「美しい」という言葉を『ロジェ』のシソーラスで引いてみたところ、つぎに示すように、たくさんの表現が出ている。

> beautiful, beauteous; handsome; gorgeous; pretty; lovely, graceful, elegant, prepossessing; attractive; delicate, dainty, refined; fair, personable, comely, seemly; bonny; good-looking; well-favored, well-made, well-formed, well-proportioned

ところで、このグループとは別に、pleasurable, sexy, cute, kissable, charming, entrancing, enchanting, glamorous, lovesome, winsomeの語群がある。

prettyが後者でなく前者のグループに属しているというのは、私には意外であった。pretty = cuteという私の語感は、間違いだった（あえて自己流で解釈してみると、beautiful

のグループは客観的評価で、だれもが認める美しさ。cuteのほうは主観的印象で、対象の動きによって魅力が発散している、ということだろうか）。

英語を母国語としないわれわれは、単語の正確な意味やニュアンスについて、誤解していることが多い。シソーラスを引いて、初めてそのことに気づく場合がある。いま述べたことも、その一例だ。

それにしても、英語の「美しい」という表現がこれほど豊かであることに、驚かされる。「日本語は語彙が貧弱だが、英語は類義語が多いので、微妙な差を表現できる」と、よく言われる。このリストを見ていると、改めてそれを実感する。

以上の練習のために、図表7-1のリンク集を作った。是非ご利用いただきたい。

5　私が出会ったヘンな英訳

日本のホテルでのヘンな注意書き

この章では、書く英語がいかに難しいかを強調した。肩がこってしまったかもしれない。そこで、少し息抜きをしよう。英語を書くのがいかに難しいかを示す証拠として、「変な英訳」を紹介することにしたい。

まずは、あるホテルのバーにあった注意書き。

Ladies are asked not to have children in the bar.

ホテル側としては、「ご婦人はお子様をバーに連れてこないでください」のつもりなのだろう。しかし、それならbring childrenとするべきだ。これでは、「バーで子供を産まないでください」になってしまう。

もう一つ、これも日本のホテルのバーだ。

3. 英英辞書

・*Merriam-Webster dictionary*

言葉の意味だけでなく、類義語、同義語、使い方なども分かる。

---

4. シソーラス

・Explore the English Thesaurus - Cambridge Dictionary

・Thesaurus

SYNONYMSのウインドウに単語を入れると、類似語を示してくれる。

・*Roget's Thesaurus*

Roget'sのシソーラスのウェブ版。ただし、書籍版に比べると、大分見劣りがする。

---

5. 社説

・朝日新聞社説とその英訳

日本語の社説を自分で英訳してみる。そして、新聞社による英訳と比較する。

---

6. 英語を読む

・*National Geographic*

・*Scinetific American*

・*USA TODAY*のopinion

・*Project Syndicate*

右のQRコードをスマートフォンで読み取ってください。上記サイトへのリンク集があります。

https://note.com/yukionoguchi/n/n89d4a90589c2
（2021年2月現在）

図表7–1　英語を書く練習のためのリンク集

1. 例文集
・Online Technical Writing
IBM社のデイヴィッド・マクマレー氏が運営するページ。サンプルが豊富で、利用価値が高い。

・Online Technical Writing: Examples, Cases & Models
上記サイトの中の例文集。履歴書からメーカーへの抗議や質問の手紙、仕事の進捗状況の報告の手紙まで、さまざまな例文がある。

・ビジネス英文メールテンプレート文例集
Weblio 辞書のビジネス英文メールテンプレート文例集（日本語）。

・英文Eメール（定型文・例文集）
アルスネット・ドットコムが提供（日本語）。

2. 英作文
・Online Writing Lab
パーデュー大学（米国インディアナ州）の英作文オンライン講座のページ。英文法、英作文に関する知識が体系的にまとめられており、質・量ともに際だっている。

外国人向けのページ（English as a Second Language）では、冠詞や前置詞の使い方など、文法のさまざまなポイントがわかりやすく解説されている。

専門家の英語（Professional Writing）のコーナーでは、履歴書やカバーレターの書き方が、具体的に解説されている。また、ベーシックなビジネスレターの書き方や推敲のポイントなどの説明がある。検索で必要なページを見出すこともできる。

パワーポイントによるプレゼンテーション講座などもある。

・English for emails
British Councilが提供するオンラインコース。これは、その中のメールの書き方。

Cocktails for ladies with nuts.

日本人は、「ご婦人用カクテルとナッツのおつまみ」と読むだろう。しかし、nutsは、スラングでは「気がふれた人」という意味なのだ。だからこれは、「気がふれた方をお連れのご婦人用カクテル」だ。

部屋の中には、つぎの注意書きがあった。

If you want to adjust condition of warm in your room, please control yourself.

「部屋の温度を適切な度合いにしたい方は、ご自身で調節してください」。日本人なら、ホテル側の意図をこのように「正しく」忖度《そんたく》するだろう。しかし、英語を母国語とする人は、決してこうは読まない。

control yourselfは、「あなた自身をコントロールしてください」なのである。「暑いの寒いのとつべこべ言わずに、心頭滅却したらどうだ」ということになる(condition of warmというのも、実に妙な表現だ)。

It is forbidden to steal hotel towels please. If you are not a person to do such a thing, please do not read notice.

たかがタオルくらいでstealかと驚くと、pleaseと言われて拍子抜けする。あとの文章は、「もしあなたがそんなことをしない人なら、この注意書きは無視してください」という意味だろうか？　中学生の和文英訳を読んでいるような気持ちになる。

　つぎのは、レンタカーの注意書きである。

When passenger of foot heave in sight, tootle the horn. Trumpet him melodiously at first, but if he still obstacles your passage then tootle him with vigor.

　意味は分かる。しかし、何と創意に満ちた英語だろう！　passenger of footは歩行者のつもりだろうが、「足の乗客」だ。heave in sightを辞書で引くと、確かに「見えてくる」という意味が出ているが、私はこんな表現を一度も聞いたことがない。

　tootleは笛を吹くという意味だが、他動詞には使えないし、何とも場違いだ。Trumpetは他動詞にも使えるが、しかし、これでは歩行者を吹いてしまうことになる。しかも、

melodiouslyに！

それに、そもそもこんなことを注意する必要があるのだろうか？　日本の交通規則でも解説したほうが、よっぽど実用的だろうに。

世界中にあるヘンな注意書き

「変な英語の注意書き」は、決して日本人の特技ではない。つぎに紹介するのは、私のある友人が世界中から収集してきたものである。最初の訳文は、これを書いた人の意図（と考えられるもの）を、矢印のあとは、英語としての意味を示す。

・Please have a fit upstairs.

「2階で試着してください」⬇「2階でひきつけを起こしてください」

・Wonderful dresses for street walking.

「街を散歩するための素敵なドレス」⬇「売春用の素敵なドレス」

・Ladies, leave your clothes here and enjoy a nice evening.

「ご婦人方に。素晴らしい夕べのために、ここ（ランドリー）に御召し物をお預けください」⬇「ご婦人方に。ここで御召し物を脱いで裸になり、素敵な夕べを楽しんでください」

・Drop your trousers here for best results.

「貴方のズボンを(このランドリーに)お預けください。最善の結果でお戻しします」⬇「ここでズボンを脱いで裸になれば、これからなさることでベストの結果が得られるでしょう」

・Please take advantage of the chambermaid.

「ご用があれば、部屋係の女性にお申しつけください」⬇「部屋係の女性を、いかようにもお使いください」

・It is forbidden to enter a woman even if a foreigner if dressed as a man.

「(この寺は)女人禁制。外国人で男装していても同様」⬇「女体に入ることを禁ず。もし外国人が男のような服装をしても」

・Please do not feed the animals. If you have any suitable food, give it to the guard on duty.

「動物に餌《えさ》を与えないでください。もし適切な餌をおもちなら、当番のガードに託してください」⬇「動物に餌を与えないでください。もし適切な食べ物をおもちなら、当番のガードに与えてください(彼は空腹なので)」

・Our wines leave you nothing to hope for.
「私どものワインを飲めば、これ以上のものは望めないとお分かりでしょう」➡「私どものワインは、あなたを絶望的な状態にします」

・Specialist in woman and other diseases.
「婦人科、および他の診療科」➡「女の専門家。女以外の病の専門家」

・We take your baggages and send them in all directions.
「荷物をお預かりして、どこにでも配達します」➡「荷物をお預かりして、目茶苦茶なところに配達します」

ドイツ人の荘重すぎる英訳

ところで、ドイツ語は英語の親戚言語だから、ドイツ人は英語の注意書きを間違えないような気がする。確かに文法的な誤りは少ない。意味が全然違うということもない。むしろ、文章や単語は、本物の英語より立派なくらいだ。

しかし、実に変なのである。例えば、つぎの注意書き。

Because of the impropriety of entertaining guests of the opposite sex in the bedroom, it is suggested that the lobby be used for that purpose.

（異性のゲストを寝室で饗応する行為の不適切性に鑑《かんが》み、当該目的には、ロビーの使用をお勧めするものであります）

「不適切性あり」と判断された「当該目的」は、「ロビーで遂行せよ」というのである！このロビーではどんな光景が展開されているのだろう。一度覗いてみたいものだ。

つぎのは、ある謹厳なキャンプ場の注意書きである。

It is strictly forbidden on our camping site that people with different sex, for instance, men and women, live together in one tent unless they are married with each other for that purpose.

実に荘重な文章である。この雰囲気を生かしつつ訳せば、つぎのようになるだろう。

「本きゃんぷ施設ニオイテ例ヘハ男ト女ノ如ク異ナルせっくすニ属スル人々カ同一ノてんとニ居住スルコトヲ厳禁ス但シカカル目的ヲモチテ互ヒニ婚姻シタル男女ニツイテハ此ノ限リニアラス」

ドイツ語は、個々の単語の意味があいまいなので、意味を正確にするために表現がくどくなりがちだ。ここでも、different sex, for instance, men and women という個所に、それが如実に現われている。もっとも、考えてみれば、ladies and gentlemen, boys and girls, male and female でも、different sex なわけだから、「例ヘハ男ト女ノ如ク」と説明しても、間違いとは言えないが。

そして、ここでもまた、for that purpose だ！　結婚とは、「カカル目的」のためのものなのか！「カカル目的」が「イカナル目的」なのか、気になるところだが、ドイツ人はずいぶんと for that purpose にこだわる。

「いずれかのキー」とは？

以上で述べたのは、英語への翻訳である。英語からの翻訳でも、似た問題が起こる。PCのソフトにある注意書きにも変なものが多い。

その典型例は、かの有名な警告文、「このプログラムは不正な処理を行なったので、強制終了されます」であろう。「不正な」と指摘されて、思わずギクリとした人が多いのではなかろうか。

昔のウィンドウズマシーンでは、スタートメニューで「Windows の終了」を選ぶと、

「コンピュータの電源を切る準備ができました」という文字が現われた。

「そうですか、準備していただけましたか」とのんびりしていては、駄目である。そのあと自分でスイッチを切らないと、電源は入ったままだ。この段階までくれば、あとは電源を切るしかないのだから、自動的に切ってくれればよいのに……。

MS-DOS時代にも、変な注意が画面に現われた。例えば、「いずれかのキーを押してください」である。Hit any key. の翻訳なのだが、「いずれか」と書いたキーがどこにあるかと探していた人もいた。

Ich bin ein Berliner

ドイツ人の研究者グループとの研究会があり、食事の席で、ドイツ語について昔から疑問に思っていたことを持ち出してみたことがある。

それは、ケネディのIch bin ein Berliner. についてである。これは、1963年にベルリンを訪れたケネディ米大統領が、シェーネベルク市庁舎で行なった演説の最後の有名な言葉だ(「私はベルリン子だ」という意味)。

問題は、不定冠詞einである。英語だとI am a New Yorker. のように不定冠詞付きで言うのだが、ある人の指摘によると、ドイツ語では、不定冠詞なしにIch bin Berliner. とするのが普通だという。ケネディは英語式ドイツ語を話したというのだ。

私の質問に対して、やはり「不定冠詞は要らない」という答えが返ってきた。「だって考えてごらん。Ich bin ein Frankfurter. だったらフランクフルト・ソーセージになってしまうし、Ich bin ein Hamburger. だったらハンバーガー・サンドイッチになってしまうではないか」という説明に、全員大爆笑。なるほど、英語とドイツ語は違うのだ……言葉は奥が深い。

ところが、翌日の朝食の席で別の人たちとこの話をしたら、「生粋《きっすい》のベルリン子だと、Ich bin ein Berliner. が普通だ」と言うのだ。これを言ったのは、ベルリン在住の人たちである。考え直すと、そうかもしれない。演説のビデオを見ると、聴衆はだれ一人笑っていない……言葉とは、なんと奥深いのであろう。

第8章

ＡＩ時代の「超」英語法

1 Google翻訳で会話する

スマートフォンでGoogle翻訳を使う

ＡＩ（人工知能）を用いたパタン認識能力の向上によって、これまではできなかったさまざまなことが可能になっている。

パタン認識とは、コンピュータが図形や自然言語などを認識し、理解することだ。人間には簡単にできるにもかかわらず、これまで、コンピュータはほとんどできなかった。ところが、この数年、コンピュータのパタン認識が急速に向上してきた。人間より正確に速くできる場合もある。こうして、人間とコンピュータとのインターフェイス（境界）が大きく変わりつつある。

第1に、自動翻訳の能力が高まっている。さまざまなサービスが提供されているが、その一つである「Google翻訳」は、Googleが無料で提供する自動翻訳のアプリだ。スマートフォンで簡単に利用できる。これ以外にも、さまざまなアプリがある。

テキストを入力するか、音声を入力すれば、望みの言語に翻訳してくれる。日本語から外国語、そして外国語から日本語への翻訳ができる。

結果はテキストで表示される。また、音声で聞くことができる。

簡単な会話なら実用レベル

旅行者が使うような簡単な外国語であれば、ほとんど完全に翻訳できる。辞書を引くよりずっと簡単に利用できる。翻訳された外国語を相手に音声で聞いてもらうことができるから、会話のように使うこともできる。

買い物、窓口対応、道案内などで用いる旅行者用会話集などにある会話であれば、AIによる自動翻訳は、すでに実用レベルになっている。

とくに便利なのは、質問に対する答えを日本語に翻訳してくれることだ。これまでは、「駅は、どちらですか?」などという文章を言えても、相手の答えを理解できない場合が多かった。この問題が解決されたのだ。

多数の言語の翻訳ができるので、便利だ。とくに、中国語やロシア語、韓国語など、使う可能性はあるのに勉強してこなかったものについては、利用価値が高い。

外国語を覚えるよりスマートフォンの自動翻訳アプリの使い方を覚えるほうが効果的な場合もある。

専門用語にも対応しつつある

第2章の1や第6章の2で述べたように、医学用語は、必要なときには大変重要であるにもかかわらず、普段は使わない言葉なので、外国人には分からないものが多い。日本語から外国語への翻訳も、その逆も分からない。これが簡単にできるようになったことの効果は、大変大きい。

こうして、コミュニケーションの壁が低くなり、外国人との交流が簡単にできるようになる。コロナが終息して外国人旅行者が日本に戻ってくれば、かなりの翻訳ロボットが日本の街にも登場するだろう。

駅のアナウンスで、奇妙な英語を流している場合がある。Google翻訳のほうが正確なので、それを録音して流せばよいと思う。

エアライン国内線の客室乗務員の英語の案内も、相当ひどいものが多い。乗務員が日本語でGoogle翻訳に話し、それを英語に直したものを流すほうがよい。

ただし、現在の自動翻訳が完全とは言えない。方言などにどの程度対応しているのか、分からない。スラングはどうだろうか?

自動翻訳があれば、人生は変わっていただろう

しばらく前に、「新宿御苑の元職員が、外国人が怖いとして、入園券をタダで配布していた」というニュースがあった。

元職員は、「外国語が話せず、怒鳴られて以来、外国人観光客と話すのが怖くなった」ので、料金を取らなかったのだという。

2014~2016年の間に、実に16万人の外国人観光客が入園時に代金を払っていなかった。会計検査院の調査によって、未払い額が数千万円に上っていたことが明らかになった。

元職員は、この行為によって、給料の10%を差し引かれる処分を受けた。その後に依願退職した際には、被害補塡のために退職金の半分を返却すると申し出たという。

このニュースを聞いて、「何と気の毒なことを!」と思った。この程度の会話なら、自分で話さなくとも、自動翻訳で簡単にできたはずだ。自動翻訳というものがあることを知っているだけで、この人の人生は大きく変わっていただろう。

ニュース番組や講演を翻訳できるか?

Google翻訳が「支障なく使える」のは、短い単純な文章の場合である。では、長い複

雑な文章や、それらが連続する場合はどうか?

第5章で紹介したように、VOA(Voice of America)が提供している外国人向けの初歩英語番組がある。

これは、通常の会話よりはずっと遅いスピードで話している。これでテストしてみると、Google翻訳はかなりよく追跡している。しかし、完全ではなく、飛ばしてしまうところもある。しかも、1分間以上は継続しない。また、日本語の訳文も完全でない。いろいろと自分で想像して補って、何とか分かる程度でしかない。

一般のニュース番組のスピードになると、Google翻訳の聞き取りは、ついていけなくなる。政治家の演説も、かなりゆっくりした明瞭なものである場合にも、フォローできない。したがって、訳文を見ても、何のことか分からない。映画となると、とても無理だ。台詞を所々とらえている程度でしかない。

外国語の講演をGoogle翻訳で聞いていると言っていた人がいるのだが、ところどころしか把握していない危険がある。

言葉の壁はなくならない

つまり、現在の自動通訳では、言葉の壁がなくなることにはならない。外国でGoogle

翻訳を用いても、片言をしゃべる異邦人としてしか存在できないだろう。その社会の一員になって仕事をすることなど、到底不可能だ。

だから、通訳者は、しばらくは失業しないですむだろう。ただし、ＡＩの能力は日進月歩だ。だから、長い文章についても、将来は実用レベルに達する可能性が大いにある。

では、ＡＩ翻訳の能力が向上すれば、外国語を勉強する必要はなくなるだろうか？　これについては、本章の４で論じよう。

2　Google翻訳で長い文章を読む

自動翻訳の能力が向上した

Google翻訳の場合、５０００字まで入力できる。つまり、かなり長い文章の翻訳にも使えるわけだ。これを用いて、外国語の文献を簡単に読める。

これまでも、ウェブの記事であれば、「英語に直しますか」（Translate this page）という表示をクリックすれば、翻訳が出てくる場合があった。

ただし、不満足な出来だった。これは、多くの人が経験してきたことだろう。おかしな翻訳なので、かえって分からなくなる。

こうしたわけで、ウェブページ翻訳機能はほとんど実用にならなかった。しかし、最近のGoogle翻訳の能力は、かなり向上している。専門的な文献の翻訳でも実用に近いレベルになっている。

第5章で紹介したように、電子図書館Project Gutenbergには、全文を無料で読める世界の古典が多数ある。シェイクスピアやダンテ、ポーからアーサー・コナン・ドイルやエドガー・ライス・バロウズまで、硬軟とりまぜた文学や童話、『ロジェ』のような辞書、百科事典までが収められている(著作権が失効した作品のみ扱っている)。

これらを自動翻訳に掛ければ、読むことができる(ただし、翻訳の質を問題としなければ)。いまや、人類の文化的遺産の多くを、日本語で読むことができるのだ。

長い文章は分解して翻訳させる

私の実験によると、長い文章をGoogle翻訳で読むには、つぎの方法でより正確な翻訳が得られる。

まず、ある程度長い範囲を訳させる。一部は間違っているが、全体としておよそ何を言っているかは分かる。そこで、とくに知りたいところを探して、そこを訳す。

すると、正解に近づくことが多い。さらに短い部分を取り出すと、多くの場合に、正解に辿り着く。

専門分野の文献については、こうした「分解法」で、文献をかなりの程度、読みこなすことができる。このようなことは、これまでのウェブページ翻訳機能では、やりにくいことだった。

中国語の文献を読む必要が高まる

ＡＩやブロックチェーン、そしてフィンテックの分野では、中国の技術水準はいまや世界のトップだ。したがって、中国語の文献を読む必要性が高まっている。また、中国の人々との交流も増えている。

こうした場合に、Google翻訳は強力な手段になる。

ただし、私の経験だと、中国語と日本語を直接に翻訳するのでなく、英語を介して翻訳するほうが正確だと思う。多分、英語と中国語の翻訳は多くの人によって頻繁に使われているので、データが蓄積され、それを用いたマシンラーニング（機械学習）によって翻訳能力が高まっているのだろう。

右に述べた方法は、中国語の文献を読む場合にも重要なノウハウだ。しかも、日本人は中国語の漢字を、簡体字であってもある程度は読めるので、かなり正確に理解できる。

また、どこかを訳していないことなども分かる。そうした場合には、その部分だけを翻訳させると、正しく翻訳する。漢字と対照すると、ほとんど完全に文章を理解できる。しかも、次節で見るように、中国語の発音も分かる。

専門的な文献については、正確でさえあればよいので、微妙な表現のニュアンスは重要でない。自動翻訳によって外国語の文献を読むのが容易になり、これまで日本語の壁で守られていた人々の仕事が奪われるだろう。

3　Googleレンズで外国語の本を読む

読めなかった書物が読めるようになった

「Googleレンズ」は、Googleが無料で提供する画像認識のアプリだ。スマートフォンで使える。その使い方は、ごく簡単だ。

Googleレンズは識別能力も高いし、データベースも充実しているので、スマートフォン用の画像認識アプリの中で、最強のものと言えるだろう。

このほかにも、いくつかの画像認識アプリがある。例えば、「Office Lens」は、マイクロソフトが提供する文字認識のアプリだ(無料)。Android および、iOS 13.0以降に対応している。

これまで自動翻訳の対象となるのは、電子的なテキストに限られていた。ところが、Googleレンズを用いると、外国語の本を撮影してテキスト化し、シームレスで自動翻訳にかけられる。したがって、読むことができる対象が、印刷された書物にまで拡大されたわけだ。

私の書架には、イタリア語やフランス語など、これまで読めなかった書物がたくさんある。Googleレンズに助けられて、それらをどんどん読み進むことができるようになった。これは、実に素晴らしいことだ。

Googleレンズは、外国旅行でも便利に使える。街にある看板や注意書きを片端から読めるし、ホテルにおいてある印刷物もすべて読める。日本の街を歩いているのと同じような気持ちで歩くことができるだろう。

外国語を勉強する最強の方法

第4章で強調したように、外国語を勉強するための最も効率的な方法は、「丸暗記」だ。

シュリーマンをはじめとする多くの人々が、本を丸暗記することによって、外国語を効率的に習得した。

Googleレンズを用いれば、Google翻訳の読み上げ機能を利用して、音読が聞ける。これによって、自分の好きな文章を音読させることができるようになり、暗記しやすくなった。

音読を聞くのは、外国語を丸暗記するための最強の方法だ。外国語の勉強のために、シュリーマンの時代には利用できなかった強力な道具が、いま利用できるようになった。

昔、『ファウスト』の朗読が入った録音テープを買ったことがあるのだが、聞きたいところまでたどり着くのが大変な手間だった。Googleレンズなら、読んでほしいページを広げるだけのことだ。

ロシア語や中国語の勉強に最適

ロシア語の勉強がなぜ難しいかと言うと、辞書を簡単に引けないからだ。キリル文字の並び順をなかなか覚えられないため、目的の単語がどこにあるのか、すぐに探し出せないのである。このため、発音についても、よく分からないままに残してしまう場合が多い。

ところが、GoogleレンズとGoogle翻訳を用いる方法によれば、発音をすぐに知ることができる。

発音を示すＣＤがついている本もあるが、その場合にも、それを再生し、目的の場所を聞くのは面倒だ。一つの単語の発音だけを知りたいような場合には、とくにそうだ。それよりも、Googleレンズと Google翻訳を用いる方法によって直ちに発音を聞くほうが、ずっと便利だ。

中国語を朗読させることもできる。昔から疑問だったことをやってみた。疑問とは、「漢詩を中国語で読んだらどう聞こえるのか？」ということだ。

李《り》白《はく》の有名な詩を試してみた。この詩を高校生のときに知って以来、実に60年以上経ってから、初めて中国語での朗読を聞くことができた。

4　ＡＩ時代に外国語の勉強が必要か？

人間同士が直接話し合えるほうが望ましい

外国語の自動翻訳の能力が向上したので、外国語の文献を読むのが容易になった。現在のところ、その能力はまだ満足できるものではないが、今後、さらに能力は向上するだろう。

では、自動翻訳の能力が向上すれば、外国語を勉強する必要はなくなるのだろうか？通訳は必要なくなるか？　人類は、ついにバベルの塔の混乱を克服するのだろうか？

私は、そうではないと思う。事務的な文書については、自動翻訳によって意味を捉えれば十分という場合も多いだろう。あるいは、店員が外国人旅行客と意思疎通するには、自動翻訳でほとんど十分だろう。

しかし、そうした場合についても、自動翻訳に任せきりでなく、元の言葉を正確に読んだり、人間同士が直接に話し合ったりできるほうが望ましいことは、間違いない。

いかにＡＩが進歩しても、通訳・翻訳のすべてがＡＩでできるようになるとは思えない。

国境を越えるリモート時代にこそ、翻訳なしの会話が大事

第1章の2で、国境を越えるリモートワーク時代が到来しつつあること、そうなると英語の重要性がさらに高まることを述べた。

現在の自動翻訳は、こうした場合に利用できるような性能のものではない。だから、近い将来を考える限り、リモートマイグレーションのために英語の勉強が必要なことは明らかだ。

しかし、AI技術の進歩は速い。だから、将来、自動翻訳の性能が現在よりずっと向上することは、十分に考えられる。そうした場合に、英語の勉強は不必要になるだろうか？

そうなるとは、とても考えられない。なぜなら、言葉はきわめて微妙であるからだ。微妙なニュアンスの違いで、意味が大きく変わってしまうこともある。文法的には正確な翻訳が、実際には適切でない場合もある。あるいは、ダジャレ的なジョークは翻訳してくれないだろう。

したがって、人間同士の直接的なコミュニケーションと自動翻訳を介するコミュニケーションとでは、どうしても差が生じる。

他の能力においてまったく差がない二人がいるとすれば、直接的コミュニケーションができる人のほうが競争上優位に立つことは間違いない。

文学作品は翻訳すれば価値が下がる

外国語勉強の必要性がなくならないもう一つの理由は、文学作品は元の言葉で読まない限り価値がないことだ。

シェイクスピアやゲーテの作品を翻訳で読めば、その価値は大きく減少してしまう。ゲーテの『ファウスト』は劇詩であり、韻《いん》を踏んでいるので、翻訳はほとんど不可能だ。英語に翻訳するだけで価値が下がってしまう。ドイツ語によってしか、鑑賞ができない。日本語の翻訳で読んでも、筋書きをなぞったことにしかならない。一般に、文学作品は、原語でしかその価値が分からない。

以上から得られる結論は、「外国語の勉強の必要はなくならない」ということだ。通訳を介さずに、直接に意思疎通できる必要がある。また、交渉や発表は自分が英語で行なう必要がある。

外国語を使える能力は、どんなに人工知能が発展しても要求されることだろう。

AIによって、外国語の勉強が楽しくなった

私が重視したいのは、ＡＩの能力向上によって、外国語の勉強が容易になり、勉強するのが楽しくなったことだ。

図表8-1　AIを外国語の翻訳や朗読に利用する

利用形態	用いるアプリ
・外国人と会話をする。	Google 翻訳
・テキストファイルになっている外国語の文献を翻訳する。	Google 翻訳
・テキストファイルになっている外国語の文献を朗読する。	Google 翻訳
・外国語の書籍を翻訳する。	Googleレンズ＋Google 翻訳
・外国語の書籍を朗読させる。	Googleレンズ＋Google 翻訳

　とりわけ注目したいのは、音読が簡単に聞けるようになったことだ。それによって、外国語の勉強が容易になるし、興味を持ち続けることが可能になる。

　つまり、ＡＩの自動翻訳によって外国語の勉強が不必要になるのではなく、外国語の勉強がさらに進められるのだ。

第９章　英語の勉強は楽しい

1　恵まれすぎた世代の悲劇

かつて、勉強できるのは最大の特権だった

多くの人は、「勉強は辛いものだが、効果を期待できるなら我慢する」と考えている。効率的な勉強法を求めるのも、「勉強は辛いから、なんとか効率的にすませたい」という願望の表われだ。

しかし、「勉強が辛い」という考えは、間違っている。本当に問うべきは、「なぜ勉強することが許されるか？」ということだ。これは、多くの人が考えていることと１８０度違うので、説明が必要だろう。

日本でも、１９６０年代ごろまでは、大学に進学したくとも、家庭の経済的な理由などで進学できない人が大勢いた。私の世代では、経済的な理由で大学には進学できなかった人のほうが多かった。１９６５年の大学進学率は、10%程度だった。

このような社会では、親の仕事を手伝い、家業を継《つ》ぐのが普通である（少なくとも長男であればそうだ）。「勉強している暇があったら手伝え」と言われる。だから、親に隠れて勉強した。親から勉強を強制されなかったどころか、むしろ制約される場合のほうが多かっ

たのだ。

家の手伝いをすれば褒められたが、勉強をしたところで褒められたわけではない。そして、進学のときになって、どうしてもハードルを越えられず、無念のうちに断念したのだ。

だから、勉強ができることは特権であり、ありがたいことだと感謝した。

日本社会は変わった

日本社会は、1960~70年代ごろを境にして、大きく変わった。高度成長を経て日本は豊かになり、多くの家庭が、「望めば勉強できる」だけの経済水準を達成した。それ自体は素晴らしいことだが、このために、「勉強できることの有り難さ」を実感できなくなってしまった。これは不幸なことだ。

それだけではない。親は子供に「勉強しろ」と言うようになったのだ。

この背景には、日本社会の構造変化がある。それまでの日本では、農業と自営業が中心だった。しかし、高度成長を実現して、大企業の支配が顕著になった。

そして、大組織においては、学歴が序列を決めると信じられた。「学歴がないために昇進できなかった」と考えた親が、子に夢を託したのだ。こうして、子供に低学年から塾通いをさせるようになった。

しかし、この年代の子供たちには、勉強の面白さはまだ分からない。むしろ、遊びのなかで好奇心を育てるほうが重要だ。それにもかかわらず、遊びは悪いことだとし、家に閉じこめて勉強させ、塾に通わせた。

つまり、子供は、わけも分からずに、勉強を強制させられたわけだ。これでは、勉強嫌いになるのは当然だ。日本の親たちは、わざわざ子供を勉強嫌いになるよう追い立てたのである。

強制されたことが楽しく思えるはずはない。勉強できるのが特権であり、ありがたいことだとの思いはなくなり、むしろ義務と思うようになった。だから、できることならそれから逃れたいと思うのだ。

勉強を楽しくないと思う理由は、勉強することに制約がなくなってしまったことだ。勉強の楽しさを知ることができなくなった世代を、あわれに思う。

2　好奇心こそ勉強の牽引力

知識が蓄積されれば好奇心が強まる

　では、どうすれば勉強を面白いと感じられるようになるだろうか？　それは、知識を蓄積することによってだ。

　これは勉強一般について言えることだ。例えば、公園を歩いていて樹木の名前を知っていると、よく観察するようになる。鳥や昆虫の名前を知っていれば、それらを詳しく観察する。知識が深まるとさらに好奇心が強まる。知識と好奇心は、互いを強め合う。

　これは、さまざまな場面で経験することだ。夜空を眺めても、星座を知っているのと知らないのとでは、大きな違いがある。

　星座を知らずに漠然と眺めていても、星空が美しいと感じることはないだろう。南半球に旅行しても、南十字星を見なかったという人が多い。実は、南十字星のあたりの星空を双眼鏡で見ると、息が止まるほど美しい。

　そして、南十字星はオーストラリア南部まで行けば一年中見えるが、日本からは決して見えない。何という貴重な機会を無駄にしていることだろう。仕事で南アフリカやオーストラリアに何年も駐在した人でもそうなのだ。私には信じられないことである。好奇心を持たない人がいるのを、私は不思議に思う。

歴史の勉強でもそうだ。外国に行くと、その国の歴史に興味を抱く。歴史を知れば、旅行がさらに楽しくなる。外国の町や日本の地方の町を訪れると、興味が湧き、さらに歴史を調べたくなる。

アイルランドの歴史を知っていると、アメリカ映画がよく分かるようになる。アメリカの映画関係者には、アイリッシュ・アメリカンが多いからだ。「風と共に去りぬ」「静かなる男」などは、アイルランドの歴史を知らないと、理解できないだろう。イギリス映画である「黒水仙」もそうだ。

バレエは、バレエダンサーが誰かを知っているかいないかで、大きな違いがある。

外国語が分かれば、いろいろなことが分かる

こうした知識を獲得するために、言葉は必須の道具だ。

日本語では得られないが英語なら得られる知識は非常に多い。だから、知識の獲得のために英語は必須の道具だ。

文学作品も、翻訳では分からないことが多い。第6章で述べたように、海外旅行で団体

パック旅行に甘んじるか個人旅行を楽しめるかは、コミュニケーション能力にかかっている。会話が巧みなら、どこにでも好きなところに行ける。また、美術館の好きな絵を望む時間だけ見ていられる（団体旅行では、そうはいかない）。美術品や骨董品の買い物には、どうしても会話が必要だ。会話が巧みなら、日本国内では手に入らないものが買える。

「聞いて分かる」というのも、楽しいものだ。最初は何も分からなかったのに、だんだん分かる部分が多くなっていく。それまで霧《きり》の中でおぼろげにしか見えなかったものが、次第にはっきり見えてくる。これは、本当に楽しい。だから、仮に実用的な目的が何もなかったとしても、外国語の学習は意味がある。勉強は、「就職や転職のために、あるいは世の中の変化に追いつくために、いやいやながらする」ものではない。

人間は勉強で進歩してきた

英語に限らず、勉強一般について言えることだが、好奇心こそが勉強の最大の原動力だ。知識が増えれば好奇心が高まり、さらに勉強したくなる。

「知りたい」という欲求は、人間が持っている本能だ。なぜなら、人間は、力によってではなく、知識によって他のあらゆる動物より強い存在になったからである。

地球上の食物連鎖は相手を倒すことができるか否かという力の差によって序列がつけら

れているが、人間だけがその例外になっている。そして、人間は食物連鎖の頂点に立っており、この地位が脅《おびや》かされることはない。

ところが、人間は生まれついたときからこのような高い知的能力を持っているわけではない。生まれた直後の人間は、肉体的能力も低いが、知的能力も低い。そのまま一人で放置されれば間違いなく死んでしまう。

肉体的能力は時間とともにほぼ自動的に高まるが、知的能力の大部分は、勉強によって獲得する。自然界で人間だけが勉強によって進歩するのだ。

こう考えれば、勉強こそが人間を人間たらしめている基本的な要素であることが分かる。人間だけが、勉強によって能力を獲得する。働きアリは、生まれたときから働きアリであり、生涯その制約に束縛される。しかし、人間は違う。

人間の知的能力の大部分は、後天的に獲得したものだ。実際、人間は人生のきわめて大きな部分を勉強にあてている。大学まで進学するとすれば、多くの人にとって、0～22歳が勉強期間、22～64歳が労働期間、そして65～80歳台が引退後期間ということになる。

つまり、人生の実に4分の1を、教育を受けることに費やしているわけだ。大学院にまで進めば、勉強期間は3分の1にもなる。ほぼ労働期間に匹敵する長さだ。これほど長い期間を労働せず、その準備に費やす生物は、ほかにはいない。

人間という生物にとって勉強がそれほど重要な意味を持つのであれば、それを行なうことに強いインセンティブが生じるようになっているはずである（人類の生存と種の保存に必要不可欠なことには、強い動機が与えられている）。

つまり、人間は「勉強は楽しいもの」と本能的に感じるように作られているはずなのである。だから、必要なのは、その本能を目覚めさせることだ。

好奇心の自己増殖過程を作る

ところで、好奇心は意図的に増やすことができる。なぜなら、好奇心は知識が増えるほど増えるものだからだ。これを「好奇心の自己増殖過程」と呼ぶことができるだろう。

それを体験していただくために、私がnoteに作った「バーチャルツアーがこんなに簡単に」を紹介したいと思う。これはインターネット上で仮想旅行を楽しむ記事だ。

「Google Earth」で世界の多くの町を上空から見ることができる。飛行機程度の高度からどんどん降下して、地上にまで降り立つことができる。地上に降り立ったら、「Googleストリートビュー」で道を歩ける。その国の言葉が分かれば、町の看板など、さまざまなものが読める。

いまはコロナで外国旅行ができないが、Google Earthなら、何の障害もない。例えば、ダン・ブラウンの「インフェルノ」は、フィレンツェ、ヴェネティアの町とイスタンブールの町が舞台になっているが、Google Earthを使えば、彼が動き回っている場所を空から見られる。

映画「ローマの休日」で主人公たちがローマの町を歩き回った、その通りに歩くこともできる。いまは、世界のほとんどどこにでも、インターネットで簡単にバーチャルツアーができる。下のQRコードは、私が作った「バーチャルツアーがこんなに簡単に」のURLだ。スマートフォンでスキャンして、是非ご覧いただきたい。

https://note.com/yukionoguchi/m/m666c32120d57

勉強の細かいノウハウより重要なこと

こういう経験をすれば、ただ見て終わりにするのでなく、その町の歴史などを調べたくなるだろう。

もちろん、こんなことをやっても、実用的な意味では何の役にもたたない。仕事に使えるわけではないし、就職や転職に役立つわけでもない。

しかし、「一度調べだすと、好奇心がどんどん膨らんでいって、さまざまなことを調べたくなる」という経験をしてみるのは重要なことだ。

勉強は、「やらなければならないから、辛いけれどやる」ものではなく、「楽しいからやる」ものだ。それが実感できる。

繰り返そう。人間はもともと好奇心が強く、勉強をし、研究をしてその好奇心を満たすことに大きな喜びを覚える。生命の危機をもかえりみず地動説のために天体観測を行なったガリレオを見れば、これは明らかだ。

勉強の細かいノウハウを知る前に重要なのは、「勉強が楽しい」という(当然の真理を)確認することである。

3　外国語の勉強はどのように楽しいか

楽しいから続ける

勉強を続けるためには、勉強の対象に興味を持たなくてはいけない。「辛いけど続ける」というのではなく、「面白いから、楽しいから続ける」のだ。

英語の勉強の場合には、長い時間の訓練が必要なので、これは大変重要なことだ。

勉強を続けていると、あるとき英語と日本語とどちらで聞いているのか、意識しなくなることがある。「こういう内容のことを聞いたのだが、いったい日本語で聞いたのか英語で聞いたのか」と、あとになって区別できない。そうした段階になるまで、勉強を続けよう。

私は昔から外国語の勉強が好きだったが、いまでも続けている。

「そんなに外国語を勉強して、いったい何の役に立つのか?」と聞かれそうだ。実用的な用途に限って言えば、私の年齢になって外国語を習得したところで、何の役にも立たない。

勉強しながら、「何の役にも立たないことに時間を使うことは無駄ではないか」と考えることもある。20代や30代なら、外国語を勉強して、実際の仕事に役立てるという効用があるだろう。しかし、私の年齢になれば、そうしたことはないからだ。

それに、実用目的について言えば、世界のほとんどの国で英語で用が足りてしまうから、それ以外の言語を学習する必要性は低い。この点は、本書でも何回も指摘した。

それにもかかわらず外国語を勉強するのは、単に「楽しいからだ」としか言いようがない。

例えば、映画で登場人物が話していることが分かる。それから、詩が読める。実用文や小説は翻訳でほぼ用が足りるが、詩ではそうはゆかない。翻訳によって、まるで違った印象になってしまうからだ。原語で読めばどうなのだろうという興味は、尽きることがない。

こうしたことがあるので、外国語の勉強はやめられない。

ロシア語の勉強に熱中したことがある。勉強する時間をなかなか取れないので、牛歩そのものだった。しかし、少しずつでも、それまで分からなかったのが分かるようになると快感だ。知っている言葉が徐々に増えていき、ときに、文章がすべて分かる。

私がロシア語を使えるようになったところで、仕事に役立つことは、まずない。しかし、勉強を始めてみると、楽しくてしようがない。だから、これは、完全に「消費目的の勉強」である。

イタリア語も、系統立てて勉強しているわけではないのだが、オペラのセリフが少しずつ分かってくる。映画を見る楽しみの半分近くは、言葉を聞くことだ。それまで知らなかった表現法を知ったり、理解できていなかった台詞が理解できるようになったりすると、大変楽しい。だから、同じ映画をＤＶＤで何度も見ている。何度見ても、新しい発見がある。日本映画ではこの楽しみがない。

多数の言葉は神からの贈り物

外国語の勉強は、いくら歳をとってもできる。

40年ほど前、フランス語の勉強に熱中していたことがある。そのことをある哲学者に話したら、「君はまだ早い。勉強することは他にあるだろう」と言われた。いまの年齢に達してようやく、外国語の勉強ばかりしていても、そう言われることはなくなったと思う。世界には数多くの言葉があるから、いくら勉強しても挑戦対象がなくなってしまうことはない。退職後の趣味として、外国語の勉強は理想的なものだ。

世界に多数の言葉があるのは、神が与えた刑罰だという考えが一般的だ。バベルの塔を作って天に達しようとしたことが神の怒りを買い、それまでは一つの言葉で全人類が理解しあえたのを、別々の言葉にして混乱させてしまった、というものだ。

私は、そうではないと思う。神は、人間の「学ぶ楽しみ」を際限のないものにするために、たくさんの言葉を作ってくれたのだ。

勉強しようと思わなかったので、時間を無駄にした

ロシア語の勉強を始めてから、「これまではロシア映画を見ても、ロシア語を聞き取ろうとは思わなかった」ということに気がついた。それは、ロシア語を学ぼうという意識がなかったからだ。

それまで、私は、ロシア映画を見るとき、字幕を見ており、会話の音声には注意を払っていなかった。「ロシア語など、分からないもの」「分かっても格別意味がないもの」と決めて掛かっていたからだ。

こう考えたのは当然のことだ。私の仕事では、英語さえできれば、ほとんど用がすんでしまう。わざわざロシア語を勉強する必要はない。

しかし、そうであってもロシア語を勉強しようという意識があったなら、会話の中に知っている単語が出てこないかと、注意して聞いていたことだろう。それによって、次第に語彙が広がっていただろう。また、さまざまな表現法を覚えただろう。つまり、自動的にロシア語の勉強が進んでいたはずなのだ。

問題意識がなかったために、そうした機会を無駄にしてきてしまった。では、一体どれほどの時間を無駄にしたのか？

仮に、20日に１時間ロシア映画を見ていたとすれば、１年間に約20時間。30年間では約６００時間を無駄にしてしまったことになる。

第５章の３で述べたように、外国語を「支障なく」使えるようになるには、４０００時間の勉強が必要だ。それと比較すれば、６００時間は、決して無視できるロスではない。

仮に30年前に私がロシア語学習の意欲を持っていたとすれば、格別の努力をすることなしに、いまごろ私は、（完全ではないにしても）ロシア語をある程度は使えるようになっていたはずなのである。いまの私がロシア語を使えないのは、「学習意欲を持っていなかった」という、ただそれだけの理由による。

もっと早くこのことに気付かなかったのは、何とも残念なことだ。しかし、気付いただけましだと言うべきかもしれない。いや、これに気付いたことこそ、ロシア語を勉強した最大の成果だったかも知れない。

これは外国語の勉強に限ったことではない。およそ学習に関するすべてについて言えることだ。

だから、これからは、どんなことに対しても、勉強の機会があったらば、それを取り逃さないようにしよう。いかなるときも、決してぼんやり過ごしてはいけない。

私が無駄にしてしまった30年間は、もう取り返すことはできない。しかし、これから30年間の未来を持っている人に、私は声を大にして言いたい。

重要なのは、勉強しようとする意欲を持っているか否かだ。それがあるかないかで、30年後のあなたはまったく異なるものになる。

【ま行】

【や行】

【ら行】

■索引

野口悠紀雄 のぐち・ゆきお
1940年東京生まれ。63年東京大学工学部卒業、
64年大蔵省入省、72年エール大学Ph.D.(経済学博士号)を取得。
一橋大学教授、東京大学教授、スタンフォード大学客員教授、
早稲田大学大学院ファイナンス研究科教授、
早稲田大学ビジネス・ファイナンス研究センター顧問などを歴任。
一橋大学名誉教授。専攻はファイナンス理論、日本経済論。
近著に『だから古典は面白い』(幻冬舎新書)、
『中国が世界を攪乱する』(東洋経済新報社)、
『未曾有の経済危機』(ダイヤモンド社)、『書くことについて』(角川新書)、
『リープフロッグ』(文春新書)など。
note : https://note.com/yukionoguchi
Twitter : https://twitter.com/yukionoguchi10
野口悠紀雄online : https://www.noguchi.co.jp/

NHK出版新書 649

「超」英語独学法

2021年3月10日　第1刷発行
2021年7月10日　第3刷発行

著者　野口悠紀雄　
発行者　土井成紀
発行所　NHK出版
〒150-8081 東京都渋谷区宇田川町41-1
電話 (0570) 009-321(問い合わせ) (0570) 000-321(注文)
https://www.nhk-book.co.jp (ホームページ)
振替 00110-1-49701

ブックデザイン　albireo
印刷　壮光舎印刷・近代美術
製本　二葉製本

Printed in Japan ISBN978-4-14-088649-6 C0282

NHK出版新書好評既刊

マルクス・ガブリエル 新時代に生きる「道徳哲学」

丸山俊一＋NHK「欲望の時代の哲学」制作班

大反響番組「コロナ時代の精神のワクチン」を書籍化！ コロナ時代にこそ可能な「自由」とは？ 対話形式で平易に説く、ガブリエルの哲学教室。

645

カラスをだます

塚原直樹

カラス語の理解者にして全国から引っ張りだこのカラス対策専門ベンチャー創業者が、カラスを調べ、追い払い、食べながら、共存の方法を探求する。

646

大河ドラマの黄金時代

春日太一

『花の生涯』から『黄金の日日』『独眼竜政宗』『太平記』まで。プロデューサー、ディレクターたちの貴重な証言を織り込み、「黄金時代」の舞台裏に迫る。

647

アドラー 性格を変える心理学

岸見一郎

世の中には「性格は生まれつき」と考えて、あきらめてしまう人が少なくない。『嫌われる勇気』の著者が、アドラー心理学を軸に、性格の常識を覆す。

648

「超」英語独学法

野口悠紀雄

リスニング練習から暗記術、ＡＩ活用法まで。専門家同士のやりとりや英文読解、会議での討論、メール作成などに役立つ超合理的勉強法！

649